人力资本
对区域经济发展的影响

Impact of Human Capital on
Regional Economic Development

连俊华 著

社会科学文献出版社
SOCIAL SCIENCES ACADEMIC PRESS (CHINA)

序

　　"一年之计，莫如树谷；十年之计，莫如树木；终身之计，莫如树人。"

　　人，既是生产资料的创造者，也是生产资料的使用者，更是生产活动的参与者。因此，围绕"人"而展开的经济话题有很多，人以劳动力的形式参与生产，成为生产资料的一部分，进而促成了劳动力、土地和资本的结合，奠定了要素经济学的基础。随着人类智慧和创造力的不断累积，我们创造和使用工具的能力不断提升，科学技术的进步也快速推动了生产力的提升，人力资源的发展与经济发展的内生性不断得到证明，同时也让我们意识到对人的教育和培养至关重要。而由于教育本身的公共属性，政府组织教育投入的作用也就显现出来。人类天然有着追求幸福生活的本能，这就促使了人始终是往生产效率更高的部门流动，从原始时代的部落迁徙，到如今社会的人口流动，莫不如此。改革开放四十多年来，我们不仅看到了人力资源在三次产业之间的流动，同时也看到了人力资源在不同区域之间的流动。正是很好地抓住了第二次科技革命下技术扩散和产业转移的战略机遇，我们通过有效的制度创新，使要素配置效率大大提升，创造了经济持续高速增长的"中国奇迹"，成为世界第一制造大国和贸易大国。

连俊华博士的这部著作紧紧围绕人力资本驱动区域经济发展的内在机制这一研究主题，从理论和实证两个层面进行了深入探讨。理论研究层面，在探讨了人力资本的集聚效应，以及人力资本对区域产业结构升级的互动协调作用基础上，梳理了相关文献，从理论角度分析了人力资本对区域经济增长的影响，理顺了其内在规律，并以北京中关村为例，着重阐述了人力资本对经济发展的影响。定性研究的逻辑性较强，理论功底扎实，能够将理论分析应用于实际问题中，清晰把握了人力资本的相关理论，摸清了人力资本对区域经济增长的内在规律，为本书研究奠定了较好的基础。

从定量角度来看，本书的研究框架合理，从数量化模型的视角分析了人力资本对区域经济增长的作用，测算了人力资本对区域经济发展的贡献度，并以此归纳我国人力资本现存的问题。所选取的模型恰当，数据处理正确，实证结果可信，很好地阐述了二者之间的关联。从全书来看，很好地兼顾了定性研究和定量研究的优势，使得全书研究更加饱满，富有逻辑性和思考性。

总体而言，提高人力资本效率，是加快科技创新的根本途径。我国只有把经济发展的基点放在创新上，才能够更加有效地应对发展环境变化、把握发展自主权、提高核心竞争力。这也是破解新时代"人民日益增长的美好生活需要和不平衡不充分的发展之间的矛盾"这一当前我国社会主要矛盾的密钥。其中，提升人力资本使用效率，最关键的是要强化教育投入。教育是科技人才再生产的重要内容和主要手段，是社会再生产过程中生产和消费的统一，是科技劳动力再生产的最有效形式，是知识传播、科技成果转化、科技知识再生产的主要过程和基本形式。面对当前建立人力资本比较优势的迫切需要和实际压力，为解此难，连俊华博士深入研究、细致解读，终成此书，为我国人力资本建设和人才发展方向提供了科学的参考。希望连俊华博士能脚踏实地、自始而终，继续发扬学者精神，不断开阔视野，再结硕果。

中国工程院院士、中国社会科学院学部委员

2020 年 2 月于北京

摘　要

《国家中长期人才发展规划纲要（2010—2020年）》明确提出，截至2020年，中国人才发展方面将实现：优质存量壮大、构架组成科学、人才分布合理，形成良性人才竞争环境，比较优势明显，把中国建成人才强国，为实现"两个一百年"奋斗目标构建完善的人才体系。

中国先后实施了一揽子有关人才培养和引进的配套政策措施。通过这些措施的引导，人力资本投入不断增加，人力资本集聚不断加速。目前，我国人力资本总量已经位居世界前列。可以看到，我国人才引进与培育方面的政策措施对人力资本产生的积极效应。同时，伴随着知识经济和信息时代的到来，世界各国、各地区都已充分认识到人力资本对区域经济发展的重要作用。对我国来讲，最近几年全国各大城市上演的"人才大战"就是最为明显的例证。"人才大战"的出现，足以说明各地方政府对人才的高度重视，通过人才政策效应来吸引集聚经济社会发展需要的人才，加速人力资本积累。与此同时，"人才大战"也暴露出各地方政府人才引进政策存在诸多不足。比如，人才政策同质化突出，"给房给钱给户口"等简单手段的弊端越来越凸显。因此，很有必要对人才政策、人力资本与区域经济发展之间的关系加以深入研究，将重点聚焦在人才政策对人力资本的影响，进一步将这种影响传导到区域经济发展上来，按照这种逻辑关系，探讨其影响的发生机制，最终目的是解决人才政策的针对性，有效积累并充分发挥人力资本作用。因而本研究的理论意义在于深化人力资本与区域经济发展关系的理论、深化对人力资本研究中人的主体性的考量，实践意义在于为中央及地方人才政策提供决策参考依据。

本书分为以下七个章节。

第一章是绪论。重点阐述该研究的选题背景和价值，梳理了本书所采用的研究方法和概念，指出了本书的创新之处。研究背景就是我国人才政策在取得一定成效的同时，也面临着诸多问题；理论意义在于从人才政策角度分析了人才在经济发展中的主体性地位和作用，实践意义在于借鉴北京市中关村的人才政策以对其他盲目投入"人才大战"的城市提供有益参考。

第二章是人力资本与区域经济发展相互影响的理论基础。介绍了教育因素、古典经济增长理论、索洛经济增长理论、内生经济增长理论以及 MRW 模型等对人力资本与区域经济发展研究有重要影响的理论。之后从人力资本的集聚效应、人力资本与区域经济发展的相互作用等方面对人力资本与区域经济发展的关系进行了梳理。

第三章是我国人力资本对区域经济发展的贡献研究。本章对我国人力资本发展历程、发展现状以及对人力资本投资状况进行了梳理。在人力资本发展演变历程方面，梳理了从新中国成立初期以来人力资本发展历程；从人力资本集聚与分布状况量化方面分析了不同时期人力资本总量以及存量的发展趋势。同时，研究了人力资本对我国经济增长的贡献率。在此基础上，分析了人力资本发展过程中存在的问题，如人口红利消失、创新人才培养不足、人均产出效率低、缺少高端人才以及环境和制度对创新的制约强等。

第四章是对人力资本与区域经济发展之间关系的案例分析。本章主要从两个方面展开：一是中关村人力资本与区域经济产业结构之间的关系论述；二是中关村人力资本与区域经济发展之间的空间计量分析。通过分析中关村的源起和发展历程可以发现，中关村的人才政策发挥了显著效应，这种效应主要体现在加速人力资本集聚、促进产业结构优化升级等方面。中关村"一区十六园"人力资本与经济发展关系空间计量结果表明，人力资本对区域经济发展的推动作用十分显著，并且人力资本在空间分布上具有显著的集聚效应。

第五章对人力资本政策效应与转化机制进行了研究。主要分析了中央和代表性区域所出台的系列人才政策产生的效应。在分析人才政策效应基础上，阐述了人才政策在推动人力资源向人力资本转化方面的作用机制，提出人力资本转化在经济发展、社会进步以及人才价值实现中的作用，指出很有必要继续加大在教育、健康以及科研人力资本方面的投资力度。

第六章提出了优化人力资本与区域经济发展关系的政策建议。在综合前文有关人力资本与区域经济发展关系论述的基础上，从人力资源转化为人力资本，优化人才政策、人力资本结构与区域经济发展，加快人力资本集聚以及降低区域人力资本不均衡等方面提出政策建议。

第七章是研究结论与展望。有关人力资本与区域经济发展方面的研究，今后仍需持续关注的问题为：一是继续研究人力资本的计量方法；二是在做好人力资本"量"化研究的同时，还应当做好人力资本的"质"化探索；三是继续探究空间计量方法的适用性；四是利用大数据研究人力资本与区域经济发展间的关系，这也将是未来的大趋势。

本书的研究结论主要包括以下五个方面。第一，人力资本积累与集聚对于区域产业结构优化和经济发展具有重要的促进作用，二者互联互动。第二，人力资本与区域经济发展之间只有形成良好的互动机制才能利用好既有的人力资本存量，使人力资本主体性得以发挥，从而促进区域经济增长。第三，人力资本在促进区域经济发展的同时，也能够对周边区域经济发展产生带动作用，形成人力资本集聚的同时，实现经济发展的同向联动。第四，人力资本转化在经济增长、社会稳定以及人才价值实现必要性当中具有重要作用。第五，人才政策是人力资本和区域经济发展得以协调的重要工具，政策的制定应充分结合实际情况以实现政策的效用最大化。

本书的创新之处在于综合多学科知识对人力资本与区域经济发展的关系进行分析，在分析方法上使用了空间计量的方法，发现人力资本的集聚及其与地区间不平等的关系。

关键词：人才政策；人力资本；区域经济发展；空间计量

目录
Contents

第一章

绪　论

....

　　作为本书的开篇章节，本章首先基于国内外有关人力资本与经济发展的形势，阐述了该研究的国内外背景，提出了本书的写作价值。接着对本书所涉及的几个重要概念进行了界定，梳理了本书的研究思路和研究方法，进而引出本书研究可能存在的创新之处。

....

第一节

选题背景及研究意义

一 选题背景

人才是指具备特定的专业知识或技能并能够从事创造性活动，为社会做出贡献的人。在人力资源当中，人才因其包含的较高素质和特定能力，成为人力资源中最为核心的组成部分。一个地区的人才资源储备是该地区能够实现长远发展的重要基础。对国家而言，人才资源更是国家发展的首要资源。人才不仅是促进国内经济增长、提升经济高质量发展的核心要素，更是一个国家提高国际地位、提升国际竞争力的关键因素。重视人才工作，不仅体现了对知识的尊重，也顺应了时代发展要求、顺应经济发展的内在规律。

党和国家历来重视人才的培养工作，并对人才工作做出了诸多具有历史意义的决定。早在毛泽东时期，党和国家就十分重视人才工作，并且把加强思想教育和转变世界观作为培养人才的根本问题。毛泽东同志在早期的论述中特别强调，在长期的和残酷的民族解放战争中，在建立新中国的伟大斗争中，共产党必须善于吸收知识分子，才能组织伟大的抗战力量，组织千百万农民群众，发展革命的文化运动和发展革命的统一战线。没有知识分子的参加，革命的胜利是不可能的。[①] 毛泽东同志的人才观不仅体现在不拘一格的选才用人之道，更加突出其德才兼备的用人标准，这体现了毛泽东同志对知识分子的渴望及尊重。邓小平同志在 1992 年南方视察工作时，也明确提出了"要发展就需要人才，不用人才不行。要鼓励用人才，出人才"[②]。从其执政期间的人才观来看，邓小平同志提出了人才评价的标准，并将"尊重知识、尊重人才"作为人才思想的核心要义。特别是在"文化大革命"结束之后，邓小平同志重申了"知识分子是无产阶级的一部分"这一重要论断[③]。同时，邓小平同志指出了培养"四有"新人的人才思想。1980 年，首次提出要培养有理想、有道德、有知识、有体力的"四有"新人的目标[④]。1982 年 7 月，又把"四有"界定为"有理想、有道德、有文化、有纪律"[⑤]，在第五届全国人民代表大会第五次会议上，更是史无前例地将"四有"方针置于宪法中，将其固定为人才培养的标准，为推动我国人才工作迈出了一大步。江泽民同志的人才观主要体现在强调科教兴国战略，大力实施素质教育，培养创新型人才。科教兴国战略的实施为我国科技发展奠定了良好基础，也为推动经济增长发挥了巨大作用。而为了更好地适应市场经济的要求，他又提出了"人才是第一资源"的科学论断[⑥]，从而形成了与社会主义市场经济相匹配的人

① 毛泽东：《毛泽东选集：第二卷》，人民出版社，1991。

② 邓小平：《要发展就需要人才，不用人才不行。要鼓励用人才，出人才》，邓小平纪念网 - 人民网，http://cpc. people. com. cn/n1/2019/0312/c69113 - 30970835. html，最后检索时间：2020 年 6 月 7 日。

③ 邓小平：《邓小平文选：第二卷》，人民出版社，1993。

④ 邓小平：《邓小平文选：第二卷》，人民出版社，1993。

⑤ 邓小平：《邓小平文选：第三卷》，人民出版社，1993。

⑥ 江泽民：《论科学技术》，中央文献出版社，2001。

才资本观和人才效益观。胡锦涛同志关于人才的论述，主要表现在其强调要面向 21 世纪推行以人为本的人才强国战略思想，指出以人为本是科学发展观的核心，更是开展人才工作的根本要求①。

进入社会主义现代化建设的新时期，以习近平同志为核心的党中央更是将人才工作放在了至关重要的位置。习近平总书记多次在重要场合、以重要文件的形式强化了我国新时期的人才培养工作思路，为促进经济高质量发展奠定了坚实的人才基础。习近平总书记关于新时代人才观的培养主要体现在"聚天下英才而用之""深化人才发展体制改革""党管人才、党管干部"② 等方面。具体而言，他在党的第十九次全国代表大会中指出，人才是我们实现民族振兴和赢得国际竞争的重要战略资源。在实际工作中，必须要坚持党对人才管理的原则，把人才吸纳好、使用好，为建设人才强国提供支撑。在具体的工作方式方法上，在态度上更加积极、在思想观念上要更加开放，施行更为有效的人才政策。在人才的选取上应当具有敏锐的观察力，对已有的人才做好充分关照，竭尽所能为吸纳和使用人才提供好的办法。各界优秀人才，无论党内还是党外、国内还是国外，都是我们关注的重点对象，对人才的关注和尊重有利于在社会上形成人人努力渴望成才、人才大展其能的局面。③ 这在一定程度上体现了我们党和国家对人才的高度重视和渴求，也在一定程度上凸显了我们党和国

① 胡锦涛：《胡锦涛文选：第二卷》，人民出版社，2016。

② 《习近平人才观的核心：聚天下英才而用之》，人民网，http：//theory. peo-ple. com. cn/n1/2017/0629/c40531 - 29370538. html，最后检索时间：2020 年 6 月 7 日。

③ 习近平：《决胜全面建成小康社会夺取新时代中国特色社会主义伟大胜利：在中国共产党第十九次全国代表大会上的报告》，人民出版社，2017。

家对人才资源的态度、使用方式和方法以及为人才充分发挥所长不断提供适宜氛围的努力。可以看出，在人才的培养和塑造方面，党的历代领导人关于人才的思想都是连贯的、一脉相承的，更是与时俱进的，中国共产党关于人才的思想是不断适应时代发展需求、不断深化的，是认识人才发展规律的重要总结和提炼。当前既是我国人才蓬勃发展的机遇期，也是国家社会发展的关键时期，在这一关键时期能够取得重大发展的关键就在于做好人才的引入、利用以及激发其才能充分展现，使其成为创造价值的人力资本。

人力资本（Human Capital）是一种积累结果的表现形式，需要由劳动者接受教育、培训等逐渐获得。此外，劳动者个人的实践经验和自我身体健康状况等也是人力资本的组成要素。因而人力资本亦称"非物力资本"。因为这些资本能够创造一定的有形和无形的收益，进而形成特殊的资本——人力资本。对企业而言，人力资本具有创新性和创造性，对于促进企业在资源配置和战略调整方面具有重要的正向作用。对国家而言，增加对人力资本的投资，对于经济的增长同样具有正向的积极意义。因此，无论是中观还是宏观层面，实现人力资源向人力资本转化以提升人在结构中的产出率，是各方重点研究的内容。我国于 2010 年出台的《国家中长期人才发展规划纲要（2010—2020 年）》（以下简称《纲要》）中提出了在 2010 年至 2020 年的十年间，要实现对人才的规模、结构、布局、素质等的扩大和优化，从而提升我国在国际上人才竞争的优势，这是我国人才发展的总目标。这一目标的达成既有利于我国进入世界人才强国的行列，同时也为我国实现"两个一百年"的奋斗目标提供支持。《纲要》指出在人才政策上要更加开放和不断创新，在人才培养上做到产学研相结合，形成政府、企业和市场等多主体、多形式的战略联盟。在具体的人才使用和培养方面，通过创新平台的共同创建和使用、教育合作以及重大项目的协同配合等多种方式为人才的培养创造条件。另外，对于海外人才也要积极引入，引入的同时需要做好引进人才的相关服务工作，如子女入学、配偶安置等，以为海外人才的长久留用提供支持保障。如果条件允许，可为其安排适当的领导职务，使其适当参与重要项目的管理等，从物质和制度层面提高其积极性。《纲要》的颁布和实施对于激发人才的创造活力、推动我国经济社会重点领域的发展起到了重要的促进作用。

随着《纲要》的实施以及各地对人才重要性的重视程度不断提高，近些年来，各地不断上演"人才大战"。"人才大战"的出现既反映了我国经济转型时期，各地对人才需求的迅猛扩张，也折射出城市和区域之间竞争的新变局。而各地在"人才大战"中最重要的手段就是提高当地人才政策对人才的吸引力。本书认为部分地区的人才政策所提供的福利待遇的确对吸纳部分人才有一定的积极作用，但是也存在一定的问题。比如，各地在"人才大战"中所提供的待遇主要集中在户口上，而户口本身对于人才的长远发展并无意义。首先，户籍制度本身在当前中国已经是一个过时的制度，而且这种制度对于人才流动所造成的限制等问题更应该使其成为一种亟须破除的藩篱，而不是将其作为对人才的福利政策来宣扬。其次，各地的"人才大战"实际上是以一种不公平的竞争方式开展的，这样一来，一是造成各地在人才吸纳上的不平等，最主要的表现就是人才使用地对人才培养地的人才"侵蚀"现象，二是缺少对人才发展前途的考虑，部分地区在"人才大战"中的确抢到了不少人才，但是这仅仅是当地具备了人力资源的存量，而一旦缺少对人才的负责任态度，比如，在给予空头户口的同时，对于人才的工作及发展缺少必要的考虑，这样非但不能使得人力资源资本化，还给今后的人才外流埋下了伏笔。最后，更为严重的是部分地区的"人才大战"只是为了当地的声誉、房地产业的发展，而实际给人才设置了"陷阱"，贻害深远。

为能在"人才大战"中吸引人才并且能够给吸纳进来的人才提供长远的发展机会，北京中关村的人才政策值得各地借鉴。北京中关村的人才政策起步较早，发展至今已形成一定的运作方式，中关村通过政策的不断调整激发了人才的创新活力，并促进了经济的迅速发展。对比一个持续稳定发展的人才政策与各地的"人才大战"，对区域人才政策的调整进而促进经济发展具有重要的理论和实践指导意义。

此外，关于人才政策对于区域经济发展的公平性问题也值得我们反思。

二 研究意义

（一）理论意义

通过对人才政策在人力资本转化过程中的作用的分析，增加了对人才主体性的分析，为该方面的研究提供知识积累。人力资本转化路径分析更是将区域经济发展差距的问题置于"前台"，本研究通过对地区人力资本差距进行分析，进一步明确了人才政策的差异，以及人才政策背后所代表的实力等对于区域间经济发展不平衡具有较为显著的消极影响。

国外有关人力资本与经济发展的研究成果有着较为重大的价值，也可认为国外对人力资本与区域经济发展的研究对经济学研究领域而言是一项新的开拓。但美中不足在于国外研究重在探讨人力资本在微观层面的意义，即人力资本对个体发展的作用，往往将人力资本这一变量作为经济发展的内生变量，而缺乏对人力资本与产业结构发展之间关系的论述。国内学者对产业结构的研究角度主要有财政政策支持方面、对外投资以及政治制度等方面。这些对产业结构产生影响的诸多因素中缺少对人的关注，也就是说，国内学者的研究同样缺少对人力资本与产业结构互动的研究，而对于人力资本的存量和增量与产业结构升级之间关系的论述更少。事实上，人力资本与产业结构的相互关系对于一地经济发展至关重要，这对于完善产业结构、人力资本和经济发展的关系具有重要意义，有利于对区域经济发展与人才政策的相关理论进行拓展和深化。区域经济发展问题实质上是社会发展的问题，其关系社会发展的公平程度和整体社会质量水平，梳理清楚人力资本与区域经济发展的关系是发挥地区人力资本优势或弥补地区人力资本不足进而促进区域健康发展的重要因素。因此，通过对区域人才政策的研究，可以为宏观调控与协调发展实现可靠的理论参照与实例支持。

（二）实践意义

本书以中关村人力资本对经济增长的作用为例，着重进行阐述。依靠案例与数据分析，得出中关村人力资本与产业结构、创新以及经济发展的相互关系，对北京市中关村在人才政策统筹和人力资源向人力资本转化方面的成功经验以及存在的问题与不足进行梳理，为今后中关村乃至我国其他区域的发展提供经验支持。众所周知，中关村是我国人才资源最为集中、最为密集的区域，其前身是 1988 年 5 月国务院批准成立的北京市高新技术产业试验区，1999 年 8 月正式更名为中关村科技园区。目前，已经形成了以高校科研院所为代表的高新技术产业聚集地。以高校为例，这里聚集了包括北京大学、清华大学、中国人民大学等在内的41所知名高校，而以中国科学院和中国工程院为代表的科研院所有206家；这些高校和科研院所拥有68个国家重点实验室、27个国家工程研究中心、28个国家工程技术研究中心、26家大学科技园和34家留学人员创业园。作为我国第一个国家级高新技术产业开发区、第一个国家自主创新示范区、第一个国家级人才特区，也是京津石高新技术产业带的核心区，中关村科技园区被誉为"中国硅谷"，历经30多年发展，成为我国高科技产业的标杆。

上文指出，"人才大战"的出现既反映了我国经济转型时期，各地对人才需求的迅猛扩张，也折射出城市和区域之间竞争的新变局。人才本身是自由流动的，会伴随着市场经济的发展而进行趋利流动，这样生产要素才能够更加活起来，才能够更加推动生产力的发展。自2017年以来，武汉、西安、郑州、济南、成都等城市开始掀起"人才大战"，既包括了北上广深等一线城市，也有诸如上述的二线城市，甚至聊城、烟台、沧州、秦皇岛、唐山、邢台、珠海、扬州、徐州等三四线城市也加入了"人才大战"中，这轮的"抢人"主要是对大学生的争抢，不论是在引进政策还是优惠条件上都给予了诱人的条件。范围之广、规模之大成为这轮"人才大战"的主要特征。从当年"人才大战"的结果来看，包括武汉、成都、西安在内的城市都基本达到了预期，新落户人数出现了短期内的暴增。以西安市为例，由于放宽了毕业生落户政策，2017年新落户西安市的人口高达24万人，同比增长330%，力度强大。其实仔细分析此轮"人才大战"的原因，无非是我国人口结构发生变化，经济高质量发展的要求倒逼城市发展需要更高层次的人才支撑。在我国人口结构方面，以人口老龄化为例，国际社会认为人口年龄超过 65 岁以上的老年人，如果其比例在 7% 以上时，则表明该社会进入老龄化社会，而超过 14% 被认为是深度老龄化，超过 20% 则被认为超级老龄化。从历史上发达国家从老龄化到深度老龄化所经历的时间来看，日本用了 25 年、德国用了 40 年、英国用了 46 年，而法国则用了 126 年。反观我国数据，早在 2001 年我国就开始进入老龄化社会，按照联合国《世界人口展望（2017 修订版）》的相关数据预测，我国将于 2025 年进入深度老龄化社会，于 2034 年前后进入超级老龄化社会，2050 年 65 岁以上老年人口的比例将高达 26.3%。这种人口结构加速了各地"抢人"的动力。同时，2013 年以来，我国经济发展进入"新常态"，国家更加提倡高质量发展，而人才就成为经济高质量发展的原动力。在高质量发展阶段，中央政府对地方政府的考核不再简单以 GDP 论英雄，而是浙江提倡的"以亩均论英雄"等。在之前的人口红利时代，地方政府具有明显的亲资本偏好，通过土地税收优惠开展招商引资竞争，做大 GDP；在当前及未来人口红利消失时代，随着土地和税收优惠竞争日趋规范化、同质化，地方政府要想实现经济高质量发展，必须从要素驱动转向创新驱动，必须依赖人才，争取人才红利。习近平总书记指出"发展是第一要务，人才是第一资源，创新是第一动力"。①

　　然而，面对上述各地都出现的"人才大战"，中关村则以更加成熟的留人政策，凭借更加科学的管理措施，取得了更为值得

---

① 习近平：《发展是第一要务，人才是第一资源，创新是第一动力》，滚动新闻_中国政府网，http://www.gov.cn/xinwen/2018 - 03/07/content_ 5272045.htm，最后检索时间：2020 年 6 月 7 日。

关注的成绩。概括起来而言，中关村的成功经验对各地盲目的"人才大战"政策给出的实际经验主要在于，人才政策的制定既要考虑当地经济社会长远发展，同时更要出于对人才负责的原则，为人才的长远发展提供可靠、可行的发展空间。本书也将以中关村的典型案例为基础，重点阐述人力资本对于区域经济发展的重要性，意在通过总结、提炼和分析中关村相关人力资本的举措，归纳出更加具有普遍性的人才发展内在规律，更大程度上助推我国经济高质量发展，推动我国区域经济的发展。

第二节

本书研究的问题、研究方法及关键概念界定

一 本书研究的问题

本书研究的主要问题为人力资本对区域经济发展的影响以及二者之间的具体关系，通过对中关村的案例分析和人才政策的梳理，对二者的相互作用进行论述并对实现二者有效互动提出相关建议。

二 研究思路和研究方法

（一）研究思路

本书共分为七个部分，具体研究逻辑框架如下。

第一部分为绪论部分，主要阐述本书的选题背景与研究意义，通过综述国内外相关文献，进一步明确人力资本与区域经济增长之间的关系，并指出了本书的研究问题及研究方法，在界定了人力资源、人力资本、人力资源与人力资本的关系、人才等相关概念的基础上，提出了本书的创新点。

第二部分阐述了人力资本与区域经济发展理论。该部分着重对既有研究发现所形成的模式、效应进行归类整理并梳理出其脉络，使得诸多概念能在一定程度上得到统一，从而为人力资本与区域经济发展关系的论述提供较为理论性的指导。

第三部分为人力资本对区域经济发展贡献测度。该部分认为改革开放40多年来，我国的经济发展被视作世界经济发展的奇迹。这一奇迹的发生离不开最为核心的因素——人。人作为生产关系中的核心要素，其对经济发展的主要作用来源便是人力资本。本部分主要从人力资本入手，探索我国经济奇迹产生的根源，亦即人力资本对经济发展的贡献。

第四部分主要以北京中关村为例，进行了人力资本与区域经济发展关系实证验证。本书以中关村为例来研究人力资本与区域经济的相互关系，并以此为基础研究人力资本与经济发展的关系，从而可以发现更多规律性特点。

第五部分阐述了人才政策对人力资本产生的效应及作用机制。从前面的研究可以看出，中关村之所以能集聚大量人才，并将这些人才的创新创业创造能力有效激发出来，最终带动产业升级和促进经济高质量发展，最关键一点就是中关村长期制定实施系列人才引进、培养、流动、激励等政策，并将这些人才政策坚决贯彻落实。本部分首先从分析我国国家层面的人才政策入手，并比较全国有代表性区域的人才政策效应，然后提出在政策效应条件下，人力资源向人力资本转化的基础条件，根本目的是促进区域经济增长。

第六部分提出了人力资本与区域经济发展关系优化路径。本部分通过对北京，重点对中关村科技园区的创新创业人才及企事业相关人员的调研访问，对其较为关注的、事关其经营活动的以及影响其效能发挥的诸多要素进行了归纳。在梳理国内外既有人才政策和中关村人才政策不足之处的基础上，从各相关影响因素入手，提出相关对策建议，这对于尊重人才的主体性，提高我国、北京和其他区域的人力资本转化，促进人力资本效能的充分发挥，带动区域经济发展以及平衡人力资本在区域经济发展差距方面具有积极的现实意义。

第七部分为总结内容，提出了本书所得到的几个重要的研究结论，并提出了未来研究的展望。本书认为人力资本积累与集聚对于区域的产业结构和经济发展具有重要的促进作用。人力资本与区域经济发展之间是相互联动的，人力资本与区域经济发展之间只有形成良好的互动机制才能增加并利用好既有的人力资本存量，也才能够使人力资本主体性得到有效发挥，从而促进区域经济增长。人力资本在促进区域经济发展的同时，也能够对周边区域经济发展产生带动作用，形成人力资本集聚的同时，实现经济发展的同向联动。实现人力资本的转化对促进经济发展、实现社会稳定以及人才的发展等很有必要。人才政策是人力资本和区域经济发展得以协调的重要工具。通过对人才政策、人力资本以及区域经济发展的关系论述可以看出，人才政策最终目的能否实现，关键在于其"前台"和"后台"能否实现有效对接（见图1-1）。

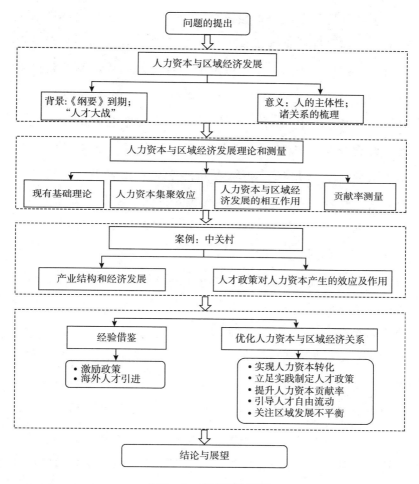

图 1-1　本书研究框架

（二）研究方法

本书综合运用了管理学、经济学和社会学学科的相关理论和分析方法。在研究过程中，需要对以上三门学科的相关理论做具体梳理，之后通过文献分析、参与观察、访谈以及模型建构等方法进行整合。

理论分析与实证分析相结合。理论分析方法是在感性认识的基础上通过理性思维认识事物的本质及其规律的一种科学分析方法。理论分析属于理论思维的一种形式，是科学分析的一种高级形式。它是在思想上把事物分解为各个组成部分，各种特征、属性、关系等，再从本质上加以界定和确立，进而通过综合分析，把握其规律性。而实证分析方法是用统计计量方法对经济数据进行处理的分析方法。在本书中，定性分析方面，以新古典经济增长理论和内生经济增长理论为框架。在定量研究方面，本书针对人力资本对区域经济的贡献进行量化研究。同时，本书尝试应用空间计量经济学方法对实证研究的内容进行扩充。在具体工具运用上，本书使用 SPSS、Stata、Geoda、ArcGIS 统计软件针对关联的问题开展空间回归分析与检验。

从宏观与微观的角度进行整合。宏观分析的注意力集中于集体的、系统的、机构的、合成的或团体的层次，而微观分析的注意力集中于部分、亚系统、组成部分或组成集体的个体。微观分析是组成更高单位的亚级单位。在本书中，首先使用宏观统计年鉴数据针对人力资本的整体构成及对经济发展的贡献率做整体性的描述分析，其次以北京市中关村为具体分析案例就人力资本对区域经济发展的影响做中观或微观分析。

三　概念界定

（一）人力资源

美国经济学家舒尔茨（Theodore Schultz）曾经断言，改善穷人福利的决定性生产要素不是空间、能源和耕地，决定性要素是人口质量的改善和知识的增进。① 英国经济学家哈比森（F. H. Harbison）也表述了同样的观点，他认为，人力资源是国民财富的最终基础。② 资本和自然资源是被动的生产要素，人是积累资本、开发自然资源，建立社会、经济和政治组织并推动国家向前发展的主动力量。显而易见，一个国家如果不能发展人民的技能和知识，就不能发展任何其他东西。

人力资源（Human Resources）是一个集合，即特定期间，各个国家或区域，不受劳动年龄限制，但是有着劳动能力的各种人口。换句话说，一个国家或地区具有劳动能力的人口就等同于人力资源。人力资源有广义和狭义之分，广义上的人力资源包括了能够创造价值的所有技能、经验乃至体力，狭义的人力资源就是人员所具备的能力。

人力资源是企业实现卓越绩效最重要的战略资源。产品与服务的竞争一定程度上表现为企业人力资源的竞争，其人力资源管理表现出八个方面的特征：将人力资源计划与企业的战略目标和行动计划整合起来；工作和职位的设计应有助于促进企业创新；薪酬和奖励制度要与高绩效的工作相适应；重视并促进团队合作；将事关质量和用户满意的决策授权于员工和团队；在培训和教育方面给予巨大的投资；营造安全、文明、有益于员工发展的工作环境；监测人力资源管理的有效性并衡量雇员的满意程度。

---

① 〔美〕西奥多·W. 舒尔茨：《论人力资本投资》，吴珠华等译，北京经济学院出版社，1990。

② Harbison, F., "Human Resources as the Wealth of Nations," *Industrial and Labor Relations Review* 28（1975）.

（二）人力资本

人力资本，亦称"非物质资本"，与"物质资本"相对。如劳动者的知识技能、文化技术水平与健康状况等。其主要特点在于它与人身自由联系在一起，不随产品的出卖而转移。其通过人力投资形成，主要包括：用于教育的支出；用于卫生保健的支出；用于劳动力国内流动的支出；用于移民入境的支出。其中最重要的是教育支出，教育支出形成教育资本。通过教育可以提高劳动力的质量、劳动者的工作能力和技术水平，从而提高劳动生产率。

人力资本的理论最初阶段源自经济学的分析。人力资本理论由舒尔茨和贝克尔（Gary Stanley Becker）在 20 世纪 60 年代创立，人力资本理论的创立是对人类生产能力的一种扩展性的认知。人力资本理论认为，人力资本与以厂房、机器设备等为表现形式的物质资本不同，它是劳动者经由教育和培训之后所获得的知识和技能的总和。

人的生产能力不是先天生就的，就是后天获得的。虽然人与人之间因为基因构成不同而先天能力各异，但是根据大数法则，这些天生能力的分布在国与国、地区与地区之间大致上是相等的。早期的发展经济学家正是从这种意义上来理解人力资源的，他们把发展中国家的劳动假定成为同质的、无差异的，而且是无限丰富的。然后，把注意力放在物质资本的积累上，得出了物质资本决定经济发展的结论。

人力资本理论突破了传统理论中的资本只是物质资本的束缚，将资本划分为人力资本和物质资本，这样就可以从全新的视角来研究经济理论和实践。该理论认为物质资本指现有物质产品上的资本，包括厂房、机器设备、原材料、土地、货币和其他有价证券等。而人力资本则是体现在人身上的资本，即对生产者进行普通教育、职业培训等支出和接受教育的机会成本等价值在生产者身上的凝结，它表现在蕴含于人身上的各种生产知识、劳动与管理技能和健康素质的存量总和。按照这种观点，人类在经济活动过程中，一方面不间断地把大量的资源投入生产，制造各种适合市场需求的商品，另一方面以各种形式来发展和提高人的智力、体力与道德素质等，以期形成更高的生产能力。这一论点把人的生产能力的形成机制与物质资本等同，提倡将人力视为一种内含于人自身的资本——各种生产知识与技能的存量总和。

（三）人力资源与人力资本的关系

人力资源与人力资本既相互联系，也有很大区别。在相互联系方面，主要体现在人力资源可以转化为人力资本，人力资源和人力资本都和教育息息相关。

首先，人力资源可以转化为人力资本。虽然人力资源与人力资本概念不同，但是，企业若对人力资源进行数量调节，并通过教育培训、人员激励、企业文化建设等手段进行合理开发和有效配置，就可以大大提高企业劳动生产率，将人力资源真正转变为人力资本，为企业创造更多的财富，使企业在市场竞争中立于不败之地。企业能否将其人力资源转化为人力资本是关系企业能否提高经济效益和竞争力的一个关键。

其次，人力资源和人力资本都与教育息息相关。人力资本的核心是教育投资，事实上教育投资的过程是人力资本积累的过程。换句话说，人力资本的形成和积累主要靠教育。同样，人力资源的质量优劣也主要是由教育来决定的。明智的企业家十分重视教育，他们不仅重视对本企业人才的培养和培训，而且设法通过教育手段来改善本企业的文化，有些甚至不惜重金引进高学历、高职称的人才，就是因为他们认识到了教育与人力资源开发和人力资本形成的密切关系。可以说，没有教育，人力资源得不到合理开发，没有教育也不能形成强大的人力资本。重视教育，就是重视企业的发展，就是在开发人力资源和积累人力资本。

但是，二者也存在较大的不同，主要体现在价值关系、研究问题的角度和关注的重点，以及计量形式上的不同。具体如下。

二者价值关系不同。人力资本是由投资而形成的，强调以某种代价获得能力或技能的价值，投资的代价可在提高生产力过程中以更大的收益收回。同时，人力资源作为一种资源，劳动者拥有的脑力和体力对价值的创造做出了重要贡献，人力资源强调人力作为生产要素在生产过程中的生产、创造能力，它在生产过程中可以创造产品、创造财富，促进经济发展。

研究问题的角度和关注的重点不同。人力资本是通过投资形成的存在于人体中的资本形式，是形成人的脑力和体力的物质资本在人身上的价值凝结，是从成本收益的角度来研究人在经济增长中的作用，它强调投资付出的代价及其收回，考虑投资成本带来多少价值，研究的是价值增值的速度和幅度，关注的重点是收益问题。此外，人力资源是将人作为财富的来源来看待，是从投入产出的角度来研究人对经济发展的作用，关注的重点是产出问题，即人力资源对经济发展的贡献有多大，对经济发展的推动力有多强。

计量形式不同。人力资源是指一定时间、一定空间内人所具有的对价值创造起贡献作用并且能够被组织所利用的体力和脑力的总和。而人力资本往往是与流量核算相联系的，表现为经验的不断积累、技能的不断增进、产出量的不断变化和体能的不断损耗；如果从投资活动的角度看没有与存量核算相联系，表现为投入教育培训、迁移和健康等方面的资本在人身上的凝结。

（四）人才政策

人才政策是公共政策的重要组成部分，有着自身的独特之处。各类人才工作都需要依靠配套的人才政策来提供一定的指导，因而决定了人才政策具有广泛性的特征。沈波澜等曾对我国人才政策做出了相关梳理，其认为改革开放以来我们党的人才政策演变主要经历了拨乱反正与恢复整顿（1978~1983年）、逐步放开与分类管理（1984~1991年）、市场取向与政策调整（1992~1999年）、整合力量与全面推进（2000年至今）四个阶段①。其中，拨乱反正与恢复整顿时期，主要界限是党的十一届三中全会后发出的"尊重知识、尊重人才"方针和干部队伍"四化"原则的指导，先后进行了平反冤假错案、推翻"两个估计"、全面落实知识分子政策、恢复高考制度、干部人事管理体制的初步改革等。逐步放开与分类管理阶段的主要界限是1984年党的十二届三中全会通过的《中共中央关于经济体制改革的决定》，开启了我国以城市为重点的全面经济体制改革。其间推行了以分类管理为主要内容的人事制度改革、以简政放权为主要内容的人才培养体制改革，实行更加灵活的人才就业机制、鼓励和引导人才合理流动等。市场取向与政策调整阶段的主要界限是党的十四大确立了我国经济体制改革的目标模式是建立社会主义市场经济体制，

---

① 沈波澜、刘荣华：《改革开放以来中国共产党人才政策的历史演变》，《实事求是》2009年第1期，第19~22页。

围绕这一体制，其间不断完善了培育和发展人才市场体系、全面推行公务员制度、适应科教兴国战略的科技与教育政策调整，人事人才工作的两个重大调整等。而最后一个阶段，即整合力量与全面推进阶段主要是为了更好地应对知识经济和经济全球化的发展提出的各类改革，如干部人事制度改革的整体推进、在党管人才的原则下整合力量、人才强国战略的全面实施等内容。

在效用范围中，人才政策能够划分成国家与地区层面的两类政策；基于人才政策的对象来分类的话，人才政策主要有一般与特殊两个类别的政策。本书探讨的人才政策，在范围上涵盖了国家层面和地区层面的人才政策，而在人才政策所针对的对象方面，本书以针对高层次人才的人才政策为主。

第三节

创新之处

本书在尝试性探究人力资本对区域经济发展的影响基础上，通过理论与实证分析的方法，对其内在规律进行了分析，认为存在以下创新之处。

首先，跨学科研究和单一学科研究都是一种方法论，研究主题本身决定了对之进行研究的方法论。研究主题的综合性、复杂性、逻辑性要求对主题进行多学科、跨学科的分析、揭示，在学科分野日益明晰、细化的当代，跨学科研究更有其必要性。本书综合了管理学、经济学和社会学等学科的相关理论，分析了北京市（以中关村为主）的人才政策何以能够实现的机制。利用了社会学的形象管理理论，区分了人才政策的"前台"和"后台"，以及人才背景下的人才主体性。

其次，研究方法的选择上，本书并非只选用单一的阐述方式，而是采用了多种研究方法相结合，更加突出研究主题，凸显文章内涵。本书总结了中关村发展过程中人力资本和产业结构、科技创新相匹配的人才政策，将具体的案例分析与复杂的模型分析相结合，既注重问题分析的信度又注重问题解释的效度。

最后，关于人力资本对经济增长作用的分析，实证研究和理论研究虽多有涉及，但将二者进行深入结合的情形并不多。本书期望可依靠理论与案例分析，建立人力资本对于经济发展的作用机制，分析环节中采用外部性和空间溢出作用两种机制对区域经济发展所产生的积极作用进行分析，并通过实证分析检验人力资本对经济发展的作用机制；国外相关研究基本是从对整体经济的影响入手，而从区域经济发展的角度来分析，则具有中国特色。

第二章
人力资本与区域经济发展理论

专注于本书所研究内容的理论研究并不多，既有研究多集中在人力资本与区域经济发展的量化考量上，因而所得出的结论或所形成的看法多为效应、模式等，缺乏一定的理论深度。本章将着重对既有研究发现所形成的模式、效应进行归类整理并梳理其脉络，使诸多概念能在一定程度上得到统一，从而为人力资本与区域经济发展关系的论述提供较具理论性的指导。本章第一节为梳理有关人力资本对区域经济发展产生影响的基础理论，之后各节将对基础理论的具体表现做描述性分析。

第一节

人力资本对区域经济发展
产生影响的理论基础

一 教育的中介作用

人力资本是劳动者接受教育和培训之后所具备的知识与技能之和，而针对教育的投资是实现人力资本增长的核心方式。该理论最初起源于亚当·斯密（Adam Smith）的《国富论》，其在分析的过程中提出，分工可以催生更为纯熟的技艺，进而带动产出效率实现显著增长，是最为原始的积累形式。[①] 舒尔茨在 20 世纪 50 年代提出了人力资本这一概念，指明了经济发展对于"人"的依赖性，教育所占资源比重在经济发展与人力资本的提升过程中发挥着重要作用，即提升人们处理不均衡状态的基础能力，而关于人力资本所进行的各项投资，所获取的收益最终会大于物质资本。[②] 基于前述分析可发现，受教育水平可作为判断人力资本状况的核心

---

① 〔英〕亚当·斯密：《国富论：强国富民的西方经济学"圣经"》，胡长明译，人民日报出版社，1990，第 257~258 页。

② 〔美〕西奥多·W. 舒尔茨：《论人力资本投资》，吴珠华等译，北京经济学院出版社，1990，第 42 页。

指标。所以就业者受教育年限（HC）的均值可作为判断区域人力资本水平的关键指标。也就是就业人员受教育状况的差异会明显影响各个区域的人力资本积累效果，影响产业结构变化的速度与方向，进一步造成经济增长水平和速度产生明显的区域差异。

而教育的中介作用，主要体现在教育的经济功能上。教育是科技之本，是立国之基。党和政府历来重视教育对经济发展的作用，"教育兴则国家兴、教育强则国家强"[①]。党的十八大以来，以习近平同志为核心的党中央高度关注教育问题，并在多个场合就教育问题发表重要讲话，为我国教育事业指明了方向。2018年5月2日，习近平总书记在北京大学师生座谈会上更是强调，"今天，党和国家事业发展对高等教育的需要，对科学知识和优秀人才的需要，比以往任何时候都更为迫切"[②]。只有加强教育，才能够真正提高公民的科学文化素质。教育对经济增长的作用不仅仅体现在可以直接创造财富，更多的是教育可以加速技术转化，提升科技含量。其主要表现在以下几个方面。

第一，教育是劳动力的再生产过程。生产力是人类凭借着应用劳动资料作用于劳动对象所发生的生产物质资料的能力，即人类可以征服自然、改造自然的能力。它包括劳动力、生产资料和劳动对象三个方面。其中，劳动力是最重要、最活跃的决定性因素，因为只有通过劳动力才能产生生产知识和劳动技能。劳动力

① 《习近平谈教育发展：教育兴则国家兴，教育强则国家强》，人民网，http://cpc.people.com.cn/n1/2018/0910/c164113-30282062.html，最后检索时间：2020年6月7日。

② 《习近平在北京大学师生座谈会上的讲话》，人民网，http://cpc.people.com.cn/n1/2018/0503/c64094-29961631.html，最后检索时间：2020年6月7日。

或劳动能力包括体力和智力两个方面，要实现劳动力的再生产，就需要通过教育加以强化。教育可以提高劳动生产率，是劳动力的再生产过程，是劳动力实现生产必不可少的重要手段，使生产活动得以继续和发展。人只有通过教育才能获得智力和体力的发展，成为掌握生产知识和技能，得以从事生产的劳动力，从而推动生产的发展。随着生产力水平的不断发展和提高，教育对生产力所起的作用越来越大。

在现代社会中，教育的作用会伴随生产力的高度发展而愈益明显和重要。这是因为，现代生产的发展，主要依靠提高劳动生产率，而劳动生产率的提高在很大程度上依靠劳动者文化科学知识和生产技术水平的提高。许多发达国家的发展历程证明，劳动者受教育程度的提高，极大地促进了生产的发展。因此，通过教育培养熟练工人、技术人员和管理人员，使之适应现代化生产的要求，从而促进生产的发展，就显得更为重要。

第二，教育是科学知识的再生产过程。教育的基本职能，是向受教育者传授科学知识。在学校教育中，教育者有目的、有选择地以系统、概括的形式，用科学的方法向受教育者传授知识、培养能力、发展智力和体力，从而可以在短时间把人类社会几千年积累起来的知识传授给学生，可以用同样时间向很多人传授科学知识，使知识的传授具有最高的效率，这是教育巨大作用的集中表现。通过学校教育所进行的科学知识的再生产，是一种最高效率的扩大再生产，学校是缩短再生产、提供科学知识的"工厂"，教育是实现科学知识再生产必不可少的重要手段。学校教育所进行的科学知识的再生产，一方面把可能的劳动力转化为现实的劳动力，另一方面对已经投入生产的劳动力进行再教育，这就有利于提高全社会的科学文化水平，从而为先进的科学知识的普及与提高，为新技术、新工艺的推广，为生产力的发展，奠定了广泛的基础。

第三，教育的主要职能是传授人类社会已经积累起来的知识，即前人已经取得的科学技术成果，但同时也生产新的科学技术。现代学校特别是高等学校，既是已有科学知识再生产的"工厂"，也是新的科学技术的生产基地，担负着通过科学研究生产新的科学知识和生产技术的任务。学校人才集中，科研设备较好，学科门类比较齐全，有利于各门学科的协作，开展综合性课题和边缘科学的研究。另外，可以从以研究生为主的学生中不断补充后备力量，这已经成为科学研究的一个重要方面。因此，教育不仅可以直接生产出新的科学知识，而且由于科学技术是一个生产体系的逐步形成，还可以创造出许多新技术、新工具、新工艺。教育不仅是传播科学知识的重要手段，同时也是生产新的科学技术的重要手段，为物质生产过程创造出新的科学技术。

第四，教育是科学技术转化为生产力的手段。在社会生产这个复杂的系统中，劳动力、劳动资料和劳动对象这三个因素只是构成生产力的主体部分，并没有把生产力系统包罗无遗。在现代大工业生产中，科学技术已成为生产力的新因素。科学知识是人类智慧的结晶。当它还没有被应用到生产中的时候，是作为意识形态而存在的社会精神财富，只是潜在的生产力。只有当它被劳动者所掌握，转化为新的更高效率的生产工具和劳动技术以扩大生产的广度和深度时，才能成为一种强大的物质力量。

科学知识作为潜在的生产力，使之转化为直接的生产力，需要经过"物化"的过程：需要通过技术发明、技术革新和技术推广，转化为新技术、新工具、新工艺；需要劳动者掌握科学知识、劳动技能，把新技术、新工艺用于生产实践，从而形成强大的物质力量。现代社会生产力的发展，依赖于智力的物化，即科学知识转化为新技术、新工具、新工艺,并为劳动者所掌握和运用。科学知识转化为新的技术、工具和工艺,劳动者掌握科学技术,教育是不可缺少的中间环节。将科学技术转化为直接的生产力,离不开驾驭客观存在的人,而人的科学知识的获得和技术人才培养,是依赖教育来实现的。因此,教育是使科学技术转化为生产力的重要手段,在促进现代生产力发展上具有重大作用。

二 古典经济增长理论

17 世纪下半叶,英、法两国出现了背离以致反对重商主义的经济学说。18 世纪到 19 世纪上半叶,对重商主义的批判和否定逐渐发展成为完整的古典政治经济学。在这个时期,英国的资本主义工业迅速发展,出现了产业革命,最终形成了英国的资本主义市场经济。古典经济学适应了这个时代的要求,以自己的理论和政策主张大大促进了产业资本的发展。古典政治经济学建立了揭示资本主义市场经济运行规律的最早的理论体系。古典政治经济学最早研究经济运行机制的客观性,力求揭示资本主义市场经济的客观的、内在的运行规律,说明了这一经济运行的基本原理,它将这种分析发展为一个完整的理论体系。在经济政策上,古典政治经济学开创了正统西方经济学的经济自由主义传统。经济增长理论在经济理论中占有重要地位,卢卡斯(Robert E. Lucas, Jr.)认为人们对经济增长问题的思考和重视程度远高于其他方面[1],基于该观点,也可发现经济增长有着较强的诱惑与现

---

① Lucas, Robert E., "On the Mechanics of Economic Development," *Journal of Monetary Economics* 22 (1988).

实性。而且在该过程中，很多经济学家也针对经济增长的各项理论开展了深入的分析。

古典经济增长理论的萌芽应该是重商主义的兴起。该理论产生于 15 世纪的欧洲，在 16 ~ 17 世纪达到鼎盛。重商主义是最早变革的一种思潮，其针对的是封建制的生产方式。当时欧洲各国的生产方式存在较大差异，导致了重商主义也存在不同的流派；但是作为对资本主义生产方式最早的探讨，其与资本主义生产方式又是同时产生的。重商主义者重点研究的是对外贸易如何为一个国家带来财富，认为只有能实现且真正实现为货币者，才是财富，认为财富就是货币，货币就是财富。因此，如果一个国家拥有的货币越多，那么这个国家的财富也就越大。如何实现国家财富的增加，古典经济学认为要么在国内扩大金银的供给量，要么在国外发展对外贸易。但是二者也有区别，在国内进行贸易，只是财富在不同利益集团之间的再分配，整个社会的财富并没有发生较大变化。而对外贸易则可以实现货币的相互流动，使得一个国家的财富增加。

威廉·配第（William Petty）认为劳动和土地是经济增长的源泉，并在著述中指出"土地是财富之母，劳动是财富之父"[1]，这一著述彰显了人力资本对社会经济体系所产生的重大影响。亚当·斯密在 1776 年刊行的《国民财富的性质和原因的研究》一书中率先探讨了关于发展经济面临的各种情况，提出劳动作为人口物质基础增长的关键动力，采取分工的模式有助于催生更为理想的劳动生产率，进一步带动国民财富的大幅提升。[2]

---

[1]〔英〕威廉·配第：《赋税论》，邱霞、原磊译，华夏出版社，2006。

[2]〔英〕亚当·斯密：《国富论》，郭大力、王亚南译，商务印书馆，2014。

重商主义之后，重农学派则认为只有农业才能创造出纯产品，农产品才是真正的财富。重农学派在纠正重商主义错误的同时，自己也犯了类似的错误。重农学派的经济政策只重视促进农业生产，排斥其他工商业活动，必然损害工业和商业的发展，最终导致经济发展受到严重的限制。以魁奈（Francois Quesnay）为代表的重农学派反对重商主义者的观点，把研究重心由流通转向生产领域。重农学派认为，交换是一种等价行为，流通不可能使财富增值[①]。马克思对此曾有高度评价。他说，真正的现代经济科学，是当理论研究从流通过程转向生产过程的时候才开始的。[②]因为重农学派还没有劳动形成价值的概念，也不能把价值和使用价值分开，所以，他们限定只有农产品才是财富，把农业生产视为增加国民财富的唯一源泉。魁奈认为，农业领域能增加物质财富，是由于在农业生产过程中各种自然力参加了工作，进行了创造。而其他经济部门不过是把已经形成的各种物质因素结合起来形成一种使用价值，并没有使物质本身增加，从而也没有创造和增加财富。[③]魁奈的《经济表》呈现了经济思想史上第一个经济增长模型，《经济表》虽然只是分析了社会总产品的简单再生产过程，但这是理解财富增值的基础。以魁奈为首的法国重农学派对经济增长的认识在经济科学史上是十分重要的。因为，一个国家的财富不能靠产品在流通领域轮番循环实现增长，毕竟它是生产出来的。

---

① 〔法〕弗朗斯瓦·魁奈：《魁奈经济著作选集》，吴斐丹、张草纫译，商务印书馆，1980。

② 〔德〕卡尔·马克思、〔德〕弗里德里希·恩格斯：《马克思恩格斯全集（第25卷）》，中共中央马克思恩格斯列宁斯大林著作编译局译，人民出版社，2001。

③ 〔法〕弗朗斯瓦·魁奈：《魁奈经济著作选集》，吴斐丹、张草纫译，商务印书馆，1980。

　　索洛（Robert Merton Solow）在 1987 年诺贝尔经济学奖的颁奖仪式上说，增长理论并非始于其 1957 年和 1958 年的文章，也许它是从《国富论》开始的，而且很可能亚当·斯密之前也已有先驱。① 处在资本主义工场手工业发展鼎盛时期的亚当·斯密在其巨著《国民财富的性质和原因的研究》中通篇以经济增长问题为主线，并提出了前后一致的动态均衡模型。亚当·斯密继承了重商主义把促进经济增长、增进国民财富作为研究主题的传统，将"分工"作为"国民财富的性质和原因"的逻辑起点，根据历史事实论证了"富裕起因分工"的观点。他指出一国国民所需要的一切必需品和便利品供给情况的好坏应当视社会每年消费一切必需品和便利品对消费人数的比例大小而定，可见在亚当·斯密那里人均国民收入已成为衡量一国社会经济状况的指标。亚当·斯密还提出了增加人均国民收入的两个主要途径，一是提高劳动者的生产率，二是提高生产性劳动者占总人口的比重，在此基础上他强调分工对提高劳动生产率的作用，以及资本积累对增加生产性劳动者人数的意义。斯密通过书籍的论述指出，劳动、资本与土地是实现财富增长的核心因素，斯密在所进行的分析中非常重视"看不见的手"发挥的作用，也就是市场调节机制对于发展的关键作用，同时形成了关于人力资本的多项理论论述，提出学习能力的提高有助于丰盈人口物质基础。

　　李嘉图（David Ricardo）在其《政治经济学与赋税原理》一书中，突出了生产率的提升与分配会对经济发展产生关键的影

---

① 〔英〕亚当·斯密：《国富论》，郭大力、王亚南译，商务印书馆，2014。

响，反映了斯密的分析成果中人力资本对经济发展的巨大影响。①
李斯特（Friedrich List）认为财富的原因与财富本身是完全不同
的。财富是交换价值，而财富的原因是生产力，财富的生产力比
财富本身重要许多倍。所以必须动态地考虑一个国家的财富问题，
必须从长期来看，既要考虑现在的财富量，也要考虑将来能够获得
的财富量。他认为国家之间的贸易必须考虑与国家现在和将来的生
存、发展等有重要关系的因素，要考虑到一个国家的生产力。落后
国家应该牺牲一些眼前的贸易利益，依靠贸易保护政策，使国内重
要的幼稚产业的生产力达到发达国家的水平，然后再到国际市场上
参与竞争。当本国幼稚产业发展起来之后，人们的损失会得到补
偿，从长远来看可以增加本国财富。② 这种为了提高自身生产力而
暂时失去一部分国际贸易利益的行为，可以被看作对本国再生产的
一种投入，在将来必然带来财富的大幅增加。

　　马克思继承了英国古典经济学注重国民财富增长过程研究的
传统，阐明了资本积累的规律和一般趋势，揭示了资本主义扩大
再生产即经济增长必须满足的条件，认为扩大再生产可以通过两
条基本途径来实现。一是增加积累，即增加生产要素的投入量；
二是提高生产要素的使用效率，即提高生产要素产出率。从社会
经济总体的角度，马克思十分强调全社会的扩大再生产要顺利进
行，必须保持各部门的动态平衡。③ 为此马克思以两大部类划分

---

① 〔英〕大卫·李嘉图：《政治经济学与赋税原理》，郭大力、王亚南译，译林
　出版社，2014。
② 〔德〕弗里德里希·李斯特：《政治经济学的国民体系》，陈万煦译，商务印
　书馆，1961。
③ 〔德〕卡尔·马克思：《资本论（第三册）》，郭大力、王亚南译，上海三联
　书店，2009。

为基础提出了著名的社会再生产公式，这成为马克思主义者研究社会再生产和经济增长过程的有效分析工具。马克思还认为，经济增长不是单纯的财富增长过程，它会引起各种复杂的社会经济效应：一是生产要素与社会结合的深化，表现为劳动力的组织和科学力量的应用在生产过程中越来越占据重要地位，以及以社会结合过程的形态出现的生产过程使管理和指挥劳动日益成为生产过程的重要因素；二是生产关系再生产效应，即产品的再生产必然伴随着社会生产关系的再生产，孕育着整个社会生产关系乃至人类社会经济形态的变革和更替。① 马克思在经济学研究中较早地提到了技术进步对经济增长的作用，他在《资本论》中论述了生产量扩大可以不依赖于资本量增加的情况。马克思指出，"劳动生产力的提高，在这里一般是指劳动过程中这样一种变化，这种变化能缩短生产某种商品的社会必需的劳动时间，从而使较小的劳动量获得生产较大量使用价值的能力"②。怎样才能做到这一点呢？简单地说就是依靠科技进步。

熊彼特（Joseph Alois Schumpeter）所提出的创新理论在该领域反响突出。他指出，创新一方面是产品、技术以及市场等领域的创新，同时也有着组织形式等方面的创新；他提出关于企业家精神的各项理念，指出经济增长重点依赖于企业家的利润诉求，熊彼特较为明确地探讨了人力资本对于经济发展的关键影响。③ 古典经济学领域的穆勒（James Mill）等人也对于该

---

① 〔德〕卡尔·马克思：《资本论（第三册）》，郭大力、王亚南译，三联书店，2009。

② 〔德〕卡尔·马克思：《资本论（第三册）》，郭大力、王亚南译，三联书店，2009。

③ 〔美〕约瑟夫·熊彼特：《经济发展理论》，何畏等译，商务印书馆，1990。

课题展开分析，但是并未深入经济增长的实质，未能形成主流的经济增长理论。伴随该理论分析的日趋深化，现代经济增长理论逐渐向着更为完备的方向快速发展，该理论作为经济增长理论成长的基础，可以为当代经济增长理论的产生与完善提供可靠的支持。

三 索洛经济增长理论及其延伸

索洛经济增长模型在新古典经济增长领域最具权威。[①] 索洛在哈罗德－多马模型的前提下，通过充分地整合和创造性吸收，在剔除了资本和劳动力无法互相替换的条件下，同时将技术突破引入模型的研究中，并通过大量的实验和论证，在此基础上创建了索洛经济增长模型。其内容包括系列的重要假设条件，比如整个社会仅仅从事单一产品的生产活动，没有行政部门、不具有就业的变动性，折旧率、人口发展率等指标维持固定。其提出的生产函数形式能够结合以下公式进行描述：

$$Y(t) = F(K(t), A(t), L(t)) \tag{2-1}$$

这里，Y 对应产量，K 代表资本，L 对应劳动力，A 对应知识技术或者劳动的有效价值，t 对应时间，这里的技术发展和突破被人们总结成"劳动增进型"等。经过围绕方程的变化运算导数，能够形成该模型的相应方程表述公式：

$$\dot{K}(t) = sf(k(t)) - (n + g + \delta)k(t) \tag{2-2}$$

---

① 〔美〕罗伯特·M.索洛：《经济增长理论》，朱保华译，上海世纪出版股份有限公司，2015。

这里，K（t）代表人均资本的变化量，也就是资本的发展和深入状态；s 代表储蓄，n 对应人口增长率，g 代表技术进步率，δ 代表资本增长率，属于外部变量。索洛模型把技术的发展和突破引入模型的研究中，认为产出的增长和提升只与技术的发展相关。另外，根据该模型的观点，不管经济的开始状态怎样，最后都会朝着平衡增长的状态逐渐靠近，并慢慢稳定下来。不同国家地区的经济发展最后相差很小，该结论与实际情况相比显然存在很大差距。该模型并未将外生因素对长久经济进步带来的重要作用考虑在内，也没有从根本层面上对长久阶段经济发展和增长的原因进行合理阐述、总结。后来的一些研究人员对此进行了小幅度的变动，发展得到了拉姆齐 - 卡斯 - 库普曼斯模型等，不过得到的结论依然是保持相近的，存在明显的局限性。

在索洛模型的基础上，经济研究人员围绕经济增长和发展模式展开了全面的分析和考量，将重要的因子——技术发展，实施内生化处理，同时引入相应的经济发展模型，创建了内生增长理论。而在该时期的发展中，保罗·罗默（Paul M. Romer）等学者创建的知识溢出模型产生了较大轰动，引起广泛关注。

美国经济研究人员罗默在分析过程中，将知识设定成内生变量，将其引入相应的模型中，并凸显知识所体现的外溢、收益增长等特征，充分关注知识积累的关键价值。这里，第 i 个企业的生产函数公式能够进行如下描述：

$$Y_i = F （K_i, K, X_i） \qquad (2-3)$$

其中，Y_i 对应的是第 i 个企业的产出量，F 对应全部企业的生产函数，K_i 对应第 i 个企业与另外生产企业对比所表现出来的存在差异化的生产制造特定产品所运用的知识技术，K 描述的是全部生产企业都能够运用的广泛性的知识技术，X_i 对应第 i 个企业在生产制造环节中新增投入的一些生产要素，比如劳动等。在以上提到的模型中，知识能力被划分成专业化的、水平较高的知识技术以及一般性普遍性的知识技术。同时将此类作用因素设定成生产函数方面保持独立的解释变量，专业知识和技术能够带来经济的内部作用，即对外有排他性和区别性，为特殊化的对象（公司、单位）产生利益，而普遍性的知识则对经济产生外部作用，全部对象（公司、单位）都能够依靠其产生利益。罗默认为知识同样属于一类资产，满足报酬递增的规律，能够消除物质资本所表现出的报酬逐渐减小的不足，进而让生产函数在总体上维持继续提升，或者总体维持稳定水平。他将知识积累划分成多种差异化的形式，比如对基础科研的鼓励和实际支持、对科研技术人才给予的激励、对高水平人才的决策等。而对基础科研的鼓励和实际支持能够形成正的外部性，进而形成社会企业能够广泛运用的一般性知识技术；对科研技术人才给予的激励会让生产企业得到差异化的技术，在特定产品的生产和制造上获得更多创新知识，形成更为丰富的消费者剩余，从而扩大企业方面的实际利润。根据罗默的观点，知识的丰盈与研发之间并没有直接关系，重点是在经济的实践中获得了多少技术知识，关注于其对发展经济的主要推动作用。[①]

卢卡斯等学者研究的溢出模型能够进行如下描述：

$$Y_t = AK \ (t)^\beta \ (u \ (t) \ N \ (t) \ h \ (t))^{1-\beta} h^\alpha \ (t)^\gamma \qquad (2-4)$$

这里，Y_t 对应 t 时间产出水平，$K \ (t)$ 对应 t 时间的物质资

---

① Paul M. Romer, "Human Capital and Growth: Theory and Evidence," *Carnegie Rochester Conference Series on Public Policy*, 1990.

本量，（u（t）N（t）h（t））各自对应的是 t 时间中人员工作时间、整体人口数目和相应人力资本层次相乘所得的结果，A 对应的是技术参数，h^a（t）对应的是社会人力资本的均值状况。根据卢卡斯等人的研究，其溢出模型将人力资本以及社会人力资本均值设定成保持独立的解释变量，并对两个变量展开研究，把握其对经济增长和发展所带来的积极作用。另外，卢卡斯增长模型中将资本划分成有形和无形两个层面，把工作劳动划分成体力基础上的普通性劳动以及具有相应知识和技术的人力资本，同时提出前者不具有显著推动经济增长的功能，而后者对于经济增长的价值十分明显。此时其相应的经济增长模型能够总结为以下公式：

$$h'（t）= h（t）\delta [1 - \mu（t）] \qquad (2-5)$$

这里，h'（t）对应人力资本的增量，h（t）对应具备知识和技能的人力资本，δ 描述的是产出弹性，μ（t）代表生产过程中所有时间，$[1 - \mu（t）]$ 代表在校阶段离开生产而从事学习的时间投入。根据该模型的研究，假如生产时间对应 1，学习时间对应 0，也就是 $\mu = 1$ 时，此时代表不存在人力资本的积累；反之，假如生产方面的时间是 0，而学习的投入对应为 1，也就是 $\mu = 0$，这种情况下人力资本会根据 δ 的趋势保持增长，而形成的增长将实现峰值。本模型倾向于认为人力资本的积累重点来源于脱离生产的在校学习阶段，认为人力资本对经济发展具备显著的促进价值。

另外，卢卡斯还发表了"干中学"的经济发展模型，提出人力资本的内部作用来源于学校的常规教育，以及边干边学模式下，形成了人力资本的外部作用。此模型要求时效比为 1，即生产人员耗时全部在商品生产环节，人力资本存量的形成也离不开这种模式，基于其而形成。总的来说，卢卡斯发表的增长模型更关注人力资本对技术发展以及经济提升的功能，同时认为人力资本的形成需要通过学校的教育、生产环节的培训、经验的积累而获得。卢卡斯的模型实际上是"专业化人力资本积累增长模式"，它揭示了人力资本增值越快，则部门经济产出越快；人力资本增值越大，则部门经济产出越大。卢卡斯模型的贡献在于承认人力资本积累不仅具有外部性，而且其与人力资本存量成正比。卢卡斯模型的贡献还在于承认人力资本积累（人力资本增值）是经济得以持续增长的决定性因素和产业发展的真正源泉。卢卡斯"干中学"模型的重要启示主要体现在两个方面。首先，根据其关于人力资本的相关阐述，认为人力资本积累是经济增长的基础。这一点就已经十分明确地指出了人力资本对于经济增长的重要作用。在其模型中，技术进步率利用人力资本变化率指标来衡量，这个指标主要取决于现有的人力资本水平和相关实践，人力资本通过技术进步，才能够逐渐增加资本的收益率，进而在其中发挥作用，加快经济增长速度，促进经济健康有序发展。也就是说，人力资本越多，技术革新速度越快，经济增长也就越为明显。按照卢卡斯的相关概述，专业化的人力资本会伴随着生产某种商品数量的增加而增加，但是其增加的速度是不断递减的。由于专业化的分工，人力资本的增长是在现有人力资本水平上进行的，这种商品生产的技能可以成为另外一种商品生产的基础，从而提高了生产所需要的人力资本的形成速度。其次，卢卡斯的"干中学"模型深刻揭示出教育才是人力资本形成的最佳途径。前面章节已经指出教育对于经济增长的重要性，教育是一个国家强盛不衰的重要原动力。回顾卢卡斯的模型可以看出，人力资本主要通过学校教育和实践学习两种方式来完成。所谓学校教育就是通过正规的教育体系，增加学习的主动性得到的。这里假定每个生产者都必须在一定的时间内从事人力资本建设，强调了脱离生产活动的学校教育对于人力资本形成的作用，只有通过学校教育，才能够真正发挥人力资本的"内在效应"。而在实践中学习，是不断对学校的内容和效果的验证，通过实践学习，才能够形成人力资本，才能够实现专业化的人力资本，也就是发挥人力资本的"外部效应"，使企业受益。

卢卡斯把人力资本分为社会一般人力资本和专业化人力资本，社会一般人力资本通过学校教育获得，专业化人力资本通过在实践中学习获得。[1] 但是，他又认为专业化人力资本形成的规模和速度，直接取决于社会一般人力资本已达到的水平。在现有人力资本总体水平较低的情况下，利用"干中学"获得的专业化人力资本的水平也不会很高。而且，如果单纯依靠"实践中学习"的方式，专业化人力资本及人力资本总体水平只能以十分缓慢的速度提高，难以适应经济快速发展的需要。只有学校教育才可以形成人力资本生产的规模效应，并突破专业的限制，最有效地提高一般知识水平。不仅如此，如果将"实践中学习"的思想贯穿于学校教育中，也可以通过学校教育形成专业化人力资本。

因此，可以看出在经济学模型的设定当中，逐渐将以往不可计入模型的、和人有关的因素全部纳入，这对于对人力资本进行全面分析很有价值。

---

① Lucas, R. E., "On the Mechanics of Economic Development," *Journal of Monetary Economics* 22 (1988).

四 MRW 模型

Mankiw，Romer and Well 在索洛模型的前提下结合人力资本的概念进行分析，创建了人力资本和经济发展之间的重要模型。[①]MRW 模型基于以往的经济增长模式，同时结合实证研究给予充分证明。

MRW 模型含有整体产出 Y、物质投入 K、劳动 L 等诸多因素，AL 对应的是有效劳动，α、β 各自对应物质、人力资本的产出弹性，有效劳动对应的该指标表示成 $\mu = 1 - \alpha - \beta$，此时形成的生产函数能够总结为：

$$Y\ (t)\ = K\ (t)^{\alpha} H\ (t)^{\beta}\ [A\ (t)\ L\ (t)]^{\mu} \qquad (2-6)$$

该模型将 20 世纪 60 年代到 20 世纪 80 年代中期的国家划分成三种：非石油国家地区（98 个），欠发达国家地区（76 个），人口大于 100 万的 OECD 国家（22 个），此时形成的生产函数能够总结为[②]：

$$Y = K^{\alpha} H^{\beta}\ (AL)^{1-\alpha-\beta} \qquad (2-7)$$

在这一公式当中，K 指的是物质资本，H 对应人力资本，L 描述的是 A 为相应指数时形成的全部劳动供给。MRW 模型假设物质、人力资本的投资率有其固定的值，δ 是折旧率，g 代表不同国家和地区的技术发展，n 对应劳动力的差异性发展增长水平，

---

① Gregory，M. N. ，David，R. ，David，N. W. ，"A Contribution to the Empirics of Economic Growth，" *Quarterly Journal of Economics* 107（1992），pp. 407 – 437.

② 规模报酬不变。

这里与含有增量人力资本的索洛模型有一些类似，在一个地区对应着相同增长率的前提下，将其最初的效率水平 $A(o)$ 设定成随机量，并结合误差项进行研究，经过围绕稳定状态的大致预测，此时 MRW 模型能够推测得到以下的方程形式：

$$\text{Ln}(t)/L(t) - \ln Y(o)/L(o) = \theta \ln A(o) g(t) +$$

$$\theta \frac{\alpha}{1-\alpha-\beta} \ln S_k + \theta \frac{\alpha}{1-\alpha-\beta} \ln S_h - \theta \frac{\alpha-\beta}{1-\alpha-\beta} - \qquad (2-8)$$

$$\theta \ln Y(o)/L(o) + \varepsilon$$

$\theta = 1 - e - k$，λ 对应一个地区靠近于稳定状况的趋同率，对于一个地区按照怎样的速度进而实现其长久均衡稳定的状态，此时能够结合以下公式进行描述：

$$d \ln y(t)/dt = \lambda \left[\ln y^* - \ln y(t) \right]$$

$$\text{趋向速度为：} \lambda = (n+g+\delta)(1-\alpha-\beta) \qquad (2-9)$$

实际来说，丹尼森（Edward Fulton Denison）等人的努力仍然没有很好地回避和处理"索洛余值"问题。MRW 模型经过引进人力资本，结合物质、人力两个方面的投资，运用 3 个变量创建了相应的计量模型，论证了新古典模型的积极性，提出人力资本能够发挥其缓解物质资本收益递减的功能，尽管所得到的结论中趋同速度跟索洛模型相比慢一些，不过仅仅结合经济增长率和初始人均收入水平等是否满足负比例的关系进行研究依然具有很大的局限性，得到的结论也降低了说服力。[①]

---

① 郭熙保、张克中：《增长趋同理论简述》，《武汉大学学报》（社会科学版）2001 年第 4 期，第 54 页。

第二节

人力资本的集聚效应

集聚效应（combined effect）是常见的经济现象，是指各类产业或者经济活动在空间上的集中，由此产生的经济效果，以及吸引经济活动向某一个中心靠近，进而导致不断扩大和扩张的基本因素，产业集聚就是很好的例子。人力资本集成的经济价值，体现为内部因素的作用以及外部过程形成的综合结果。这种集成效果将在一定范围的人力资本影响下，形成内外部联动的、单一的影响效果。人力资本在这一过程中发挥着积极的作用，人力资本集聚而带来的效应和作用，体现为区域性人力资本的价值和功能。

一　区域人力资本的积累

人力资本积累的概念，在广义层面分析，即员工接受教育、培训、积累经验、从事研究等而提升整体素质。在狭义层面进行分析，这一概念为从质的层面提高员工自身能力的过程。人力资本积累存在流量效应和存量效应：流量效应主要是指通过新增投入提高人力资本水平，比如接受教育和培训等；存量效应主要是指发挥既有人力资本对人力资本提升或新的人力资本形成的影响，如身体健康的改善等。因而，也可从流量效应以及存量效应两个角度来分析人力资本给经济增长带来的价值。相关资本流量即为经过在该领域的投资从而加快人力资本的发展和强大，进而影响经济；人力资本存量则是指开发利用好当下已经形成的人力资本规模，从而促进经济的发展。

专栏 2-1　美国硅谷的集聚效应

硅谷（Silicon Valley），位于美国加利福尼亚州北部、旧金山湾区南部，是高科技事业云集的美国加州圣塔克拉拉谷的别称。由于最早是研究和生产以硅为基础的半导体芯片的地方，因此得名硅谷。硅谷是当今电子工业和计算机业的王国，尽管美国和世界其他高新技术区都在不断发展壮大，但硅谷仍然是高科技创新和发展的开创者，该地区的风险投资占全美风险投资总额的 1/3，2014 年择址硅谷的计算机公司已经发展到约 1500 家。

硅谷是随着 20 世纪 60 年代中期以来微电子技术高速发展而逐步形成的，其特点是以附近具有雄厚科研力量的美国一流大学斯坦福大学、加州大学伯克利分校、加州大学戴维斯分校、卡内基梅隆大学西海岸校区、圣塔克拉拉大学等世界知名大学为依托，以高技术的中小公司群为基础，并拥有谷歌、Facebook、惠普、英特尔、苹果、思科、特斯拉、甲骨文、英伟达等大公司，融科学、技术、生产为一体。

硅谷拥有大大小小电子工业公司达 10000 家以上，它们所生产的半导体集成电路和电子计算机约占全美的 1/3 和 1/6。20 世纪 80 年代后，随着生物、空间、海洋、通信、能源材料等新兴技术研究机构在该地区纷纷出现，硅谷客观上成为美国高新技术的摇篮，硅谷已成为世界各国高科技聚集区的代名词。在硅谷，集结着美国各地和世界各国的科技人员达 100 万人以上，美国科学院院士在硅谷任职的就有近千人，获诺贝尔奖的科学家就达 30

多人。硅谷是美国青年心驰神往的圣地，也是世界各国留学生的竞技场和淘金场。在硅谷，一般公司都实行科学研究、技术开发和生产营销三位一体的经营机制，高学历的专业科技人员往往占公司员工的80%以上。硅谷的科技人员大多是来自世界各地的佼佼者，他们不仅母语和肤色不同，文化背景和生活习俗也各不相同，所学专业和特长也不一样。如此一批科技专家聚在一起，必然思维活跃，互相切磋中很容易迸发出创新的火花。硅谷高新技术公司的创立和资金投入方兴未艾，硅谷仍然呈现出发展的趋势。

资料来源：百度百科：美国硅谷，https：//baike. baidu. com/item/% E7% A1% 85% E8% B0% B7/139194？ fromtitle = % E7% BE% 8E% E5% 9B% BD% E7% A1% 85% E8% B0% B7&fromid = 17502079&fr = aladdin#4。

菲茨杰拉德（Fitzgerald）等关注 OECD 国家的发展，并结合大量实证研究观察到，人力资本集聚能够形成生产要素的集聚作用，进而对一个区域的生产和发展产生直接的影响作用，同时这里要素积累的差异性是不同地区生产制造业发展水平存在较大差别的关键原因。[1] 阿尔卡塞尔（Alcacerj）等结合美国的生产制造业进行研究，观察到高技术劳动力经过释放和强化一定范围的知识外溢作用，从而让更多的生产企业、厂商集聚于此，而在这种良性周期发展下会进一步创建要素之间的竞争优势，从而使区域性的发展规模不断提升。因为扩大集聚效果的主要作用是集聚所带来的企业之间的知识外溢，这种溢出需要利用人力资本为载体才能真正实现，因此要素层面上的集聚研究主要关注的是人力资

---

① Fitzgerald D., Hallak C., "Specialization, Factor Accumulation and Development," *Journal of International Economics* 64 （2004）, pp. 277 - 302.

本在这一集聚环节中对于产业发展带来的实际作用，以及在其中扮演的角色和内部发挥的联动效应。[①] 弗斯里德（Forslid）等结合人力资本等要素围绕 NEG 传统的 C - P 模型进行调整和完善，根据模型的研究结果观察到人力资本与物质资本对经济的影响存在差异，并且在当前生产要素全球范围流动的背景下，小国或地区在物质资本上与大国的差距程度不及人力资本差距之深。[②] 罗特博格（Rotemberg）等研究了产业集聚是怎样提升一个区域人力资本要素积累的，根据研究得到结论：生产制造企业的集聚能够带来规模经济的发展优势，进而给劳动力支付更高的工资，同时保障为改善生产技术而在人力资本方面进行更多的投资，而集聚企业之间的竞争对于一定区域中人力资本的积累也能带来明显的作用。[③] 贝里（Berry）等在实证调查中观察到，美国在过去几十年时间中，人力资本积累水平较高的区域吸收了更多其他区域的高技能人才，且创建了相应的集聚模型，进而阐述高技术人才为何选择集聚，他们提出区域中的高水准人才往往通过创建新企业的方式来让更多的人才前往，增加更多有吸引力的岗位，因此本区域的人力资本集聚水平不断提升。[④] 西蒙（Simon）经过全面对比分析美国 20 世纪 30 年代到 80 年代不同城市就业率与人力资本

① Alcacerj, Chung W. , "Location Strategies for Agglomeration Economies," *Strategic Management Journal* 35 (2013), pp. 1749 – 1761.

② Forslid R. , "Agglomeration with Human and Physical Capital: An Analytically Solvable Case," *London. Centre for Economic Policy Research*, 1999.

③ Rotemberg J. , Saloner G. , "Competition and Human Capital Accumulationp. A Theory of Interregional Specialization and Trade," *Regional Science and Urban Economics* 30 (2000), pp. 373 – 404.

④ Berry R. , Glaeser L. , "The Divergence of Human Capital Levels across Cities," *Papers in Regional Science* 84 (2005), pp. 407 – 444.

之间的变化关系，认为美国城市区域的就业率与其所在地区的人力资本状态高度相关。他提出大城市区域一般对应着更高水平的人力资本积累水平，从而获得了更高层次的生产效率与资本回报率，例如薪酬待遇不断提升，而在薪酬等吸引下更多的人力资本纷至沓来，形成集聚效应，从而呈现更高的就业率表现。[1] 瑞西拉（Ritsila）等围绕芬兰 20 世纪 80 年代中期至 80 年代末的劳动力资料和实证分析观察到，人力资本的变化表现为个体为追求自身最大利益而做出的在发达区域集聚的决定，进而形成了集聚效应。[2]

二 人力资本集聚对区域经济的影响

（一）国内外关于人力资本与经济增长关系的阐述

20 世纪 60 年代，经济学界兴起了一门新兴的理论，即人力资本理论，其主要关注点在于宏观经济，但是伴随着时间的发展，该理论也逐渐深入微观领域。关于人力资本理论的研究可以从古典人力资本思想和现代人力资本理论角度进行阐述。其中，古典人力资本思想主要是以威廉·配第和亚当·斯密等为代表性学者，而现代人力资本理论则是以舒尔茨、明赛尔（Jacob Mincer）等为代表人物。

最早的人力资本思想可以追溯到古希腊思想家柏拉图的著

---

[1] Simon J. , "Human Capital and Metropolitan Employment Growth," *Journal of Urban Economics* 43 (1998), pp. 223 –243.

[2] Ritsila J. , Ovaskainen M. , "Migration and Regional Centralization of Human Capital," *Applied Economics* 33 (2001), pp. 317 –325.

作。柏拉图在其著名的《理想国》中论述了教育和训练的经济价值。亚里士多德也认识到教育的经济作用以及一个国家维持教育以确保公共福利的重要性。但在他们眼中教育仍是消费品，其经济作用也是间接的。

重农主义的代表人物魁奈是最早研究人的素质的经济学家，他认为人是构成财富的第一因素，"构成国家财富的是人"①。英国古典经济学的创始人威廉·配第最先提出和论证了劳动决定价值的思想，奠定了劳动价值论的基础。他认为由于人的素质不同，所以劳动能力有所不同。② 当然，配第的劳动价值论还处于萌芽形态，有许多地方还需商榷。

威廉·配第的"土地和劳动"论断、布阿吉尔·贝尔（Cloth, gill bell. p）的劳动时间决定价值③等论断是人力资本思想发展的早期代表。也可以说威廉·配第是最早研究人力资本的学者，是 17 世纪 60 年代英国古典经济学的主要代表人物。其在《赋税论》中提出了有关"劳动价值"的基本命题，并且提出"土地是财富之母""劳动是财富之父"的观点，从这两句话中也可以推断出其早期的人力资本思想。具体而言，他主要分析了各类生产要素在劳动价值创造中的作用，认为劳动和其他生产要素（土地、物质等）一样，都是十分重要的因素，劳动技能可以通过教育和培训来实现，劳动技能高的人可以与多个劳动技能低的人相抗衡，并能够生产出更高价值的产品。

---

① 〔法〕弗朗斯瓦·魁奈：《魁奈经济著作选集》，吴斐丹、张草纫译，商务印书馆，1980。

② 〔英〕威廉·配第：《赋税论》，邱霞、原磊译，华夏出版社，2006。

③ 参见周新芳《人力资本理论文献综述》，《现代经济信息》2008 年第 1 期，第 59 ~ 61 页。

亚当·斯密将劳动者自身能力的增长看作社会经济增长以及社会福利提高的重要条件，从而使得人力资本这一非物质资本的思想得以推进。亚当·斯密被誉为"现代经济学之父"，他关于人力资本的最大贡献在于提出了人力资本投资的思想。这主要与其生活的年代和时期相关，在工业革命早期，大量劳动力涌入城市，使得分工更加明晰，生产技术和工厂组织促进了生产的发展，而其中劳动者的劳动技能是提高劳动生产率水平不可忽视的一个因素。他在《国民财富的性质和原因的研究》中指出，"学习一种才能，须受教育，须进学校，须做学徒，所费不少。这样费去的资本，好像已经实现并且固定在学习者的身上"①。这种在投入学费和时间的前提下，希望得到更多利润的思想，已经非常接近现代人力资本理论的核心观点。

明塞尔（Mincer）著有两卷非常成熟的理论著作，第一卷《人力资本研究》② 和第二卷《劳动供给研究》③，这两本论著提出了现代人力资本理论的基本观点，也为后期许多学者研究现代人力资本提供了很好的理论支撑。可以说，明塞尔明确提出了人力资本的理论基础，用以解释了个人收入差别与人力资本的关系。他长期研究"人力资本与劳动市场的效应"课题，基于微观的视角测量人的教育投资回报率，具体的计算方法是根据个人的受教育时间和个人的工作时间来计算其收入，这对于从微观角度

---

① 〔英〕亚当·斯密：《国民财富的性质和原因的研究》（上卷），郭大力、王亚南译，商务印书馆，1974，第257~268页。

② 〔美〕雅各布·明塞尔：《人力资本研究》，张凤林译，中国经济出版社，2001。

③ 〔美〕雅各布·明塞尔：《劳动供给研究》，张凤林译，中国经济出版社，2001。

研究人力资本的增加对个人和社会经济增长的影响具有重要意义。明塞尔是一位非常严谨的经济学者，他的相关研究不仅具有很深的理论基础，而且通过大量的实证分析，对其假设进行了相关论证，研究结论已经影响到经济理论与政策的制定，这也使他在 1979 年获得了诺贝尔经济学奖。

但是，明确提出人力资本这一概念，则是舒尔茨在 1960 年的一次演讲中，在该演讲中，舒尔茨具体探讨了关于人力资本的本质、投资程序与基本方法。舒尔茨在分析过程中将人力资本界定为五大类，验证了教育与培训体系对增强人力资本的关键影响，也论证了人力资本在经济建设方面的关键价值，并且引发了新的分析浪潮。舒尔茨被公认为人力资本理论的构建者，其提出该理论的背景在于，第二次世界大战结束之后，德国和日本作为战败国，损失惨重，也为战争付出了应有的代价。当时世界各国认为，德国和日本要经历相当长的时间，才有可能使经济走上正轨。然而，有别于大多数人的观点，德国和日本在战后 15 年左右的时间，已经将经济恢复到战前水平。并且在 20 世纪 60 年代，德国和日本更是跻身世界第二和第三大经济体的位置。这种发展势头令当时很多经济学家困惑，以传统的经济学观点已经不足以解释这种现象的发生。基于此，舒尔茨提出了人力资本理论，其主要观点是在影响经济发展的诸多因素中，最为关键的因素是人，人的质量的提高将关系经济发展的质量，而不是传统经济学中认为的，自然资源的丰瘠或者是资本的多寡。二战后的德国和日本之所以以如此惊人的速度实现赶超，最主要的原因就在于重视了人力资本的开发。战争虽然破坏了两国的物质资本，但并未破坏其充裕的人力资本，再加上两国悠久的文化传统和重视教育的现代国策为经济发展提供了大量高素质的劳动力，这使两国的经济发展得以建立在高技术水平和高效益基础上。

专栏2-2 日本崛起的因素

日本位于亚洲东部，东部和南部为太平洋，西临日本海、东海，北接鄂霍次克海，隔海分别与朝鲜、韩国、中国、俄罗斯、菲律宾等国相望。日本作为一个岛国，自然资源严重缺乏，不过由于其四面环海，海上交通便利。日本的崛起从明治维新开始，伴随着社会的不断发展而不断向前。

（一）明治维新时期

日本位于太平洋西岸，是一个与亚洲大陆隔海相望的岛国。由于自然资源匮乏，在很长的历史时期内，日本一直是一个贫穷、弱小、落后的封建国家。在经历了长期的战乱后，德川家康于1603年统一了日本，建立了江户幕府政府。为了维护来之不易的安定局面，幕府政府施行闭关锁国政策。直至19世纪中叶，欧美列强用坚船利炮打开日本的大门，迫使其开放港口，并签署通商条约。1868年，封建幕府被推翻，明治天皇上台，拉开了日本走向近代化并开始崛起的帷幕。

明治政府执政后，在确立天皇绝对权威下构建议会、内阁、军部并立的中央集权制后，大力推行"脱亚入欧"战略。在明治天皇在位的近50年里，日本国内生产总值（GDP）增长了1.6倍，超过了英国的增速。其间，日本不仅建立了全国的铁路网、电报网，丝织业、棉纺织业、铁路车辆与机车、造船业以及电气机械等产业也快速发展起来，并且拥有亚洲最先进、最强大的军工企业和军事力量。对外贸易结构也从明治初期以出口生丝、茶叶、海产品、矿产品、煤炭等资源型产品为主，到明治末期转变为出口棉纱、棉布等轻工业产品为主，进口则由成衣棉纱等轻工制成品为主转变为机械、棉花等资本品和原料为主。

（二）西方技术本土化和培植人力资本是日本崛起的关键因素

日本之所以能在 19 世纪末实现崛起，是国内、国际多种因素和一定历史条件综合作用的结果，其关键的科技因素是通过大胆引进和吸收西方先进技术使之本土化并着力培育人力资本，从而在亚洲率先建立起近代产业体系，实现了经济和军事实力的快速提升。

明治政府执政后，在"脱亚入欧"的总方针指导下，不遗余力地引进西方技术。日本中央政府专门设立工部省，大力推行"殖产兴业"计划，主要举措是在各官营产业中广泛引进、采用西方先进技术设备和生产工艺，大量引进、译介西方科技信息情报资料（图书、文献和图片），聘用外国工程师、技术人员，派遣留学生到欧美学习以及引入外国直接投资等。

日本政府经济部门和私营企业还与欧美企业缔结许可证生产合同、技术协作合同等，并通过反求工程（即倒序制造）快速消化吸收西方先进技术，成功实现了技术转移和本土化。同时，着力夯实智力基础，培育人力资本，包括：颁布《学制令》，自1871 年开始实行强制性初等教育，仿照西式教育构建国民基础教育体系；创办帝国工程学院（亦称工部大学，后与东京大学合并），并在京都大学、东北大学和九州大学设立工程系，积极培养日本的工程师和技术人员，使其能够接管由西方专家管理的工厂、矿山和铁路，实现技师的"进口替代"。

（三）二战后日本再次实现经济腾飞

二战后，日本经济濒临崩溃的边缘，但在美国的监护和扶持下，日本再次通过大量引进国外先进技术，并更加注重在消化吸收基础上再创新，迅速实现崛起。到 20 世纪 60 年代末，也就是明治维新 100 年后，日本经济总量超越德国，成为仅次于美国的世界第二经济大国。

此后，日本经济又延续了十几年的快速增长，产业结构由"重化工业化"向"技术密集化"升级。到 20 世纪 80 年代，日本的许多产业国际竞争力大幅提高，成为对美国也具有巨大竞争力的经济强国。直至 20 世纪 80 年代后期，日本形成严重的"泡沫经济"。但时至今日，日本主要制造业的技术水平和国际竞争力仍处于世界一流。

战后日本经济迅速崛起的原因是多方面的，但根本还是将其善于学习、惯于"拿来主义"的传统，在新的时代条件下更充分地演化为通过对引进技术的消化吸收再创新，形成强大的科技创新能力。

首先，虽然二战摧毁了日本的经济，但作为经济之根的技术能力并未被摧垮，这为其战后经济快速发展奠定了基础。

其次，二战结束后，日本大力推进教育改革，为经济发展培养了一大批适应技术革新需要的熟练劳动力和中高级科技人员。

再次，高度重视对引进技术的消化吸收再创新，把科技创新的重点放在应用研究和产品与工艺的开发上，在引进硬件设备时注重购买技术许可证和专利，鼓励企业收购国外的小型高科技公司。

最后，在重大技术创新和发展中发挥政府强有力的组织和协调作用，并采取市场保护、金融支持、财税扶持等措施给予支持。

资料来源：王昌林等：《大国崛起与科技创新——英国、德国、美国和日本的经验与启示》（有删减），《今日国土》2016 年第 9 期。

贝克尔（Becker）认为也可以通过微观视角对人力资本进行研究，他将同决定个人收入有关的个人因素视作人力资本构成要素，这为人力资本的研究提供了微观因素研究的转向，同时他也构建了基本理论架构，为计算人力资本投资尤其是在教育和培训方面的投资提供了配套的测量方案①。除此之外，卢卡斯（Lucas）与罗默（Romer）所形成的"知识积累"模型，为分析两方面联系的完美模型②。这主要是对新增长理论的扩充，其实索洛早在 1957 年就发表了划时代论文《技术进步与总量生产函数》，建立了新古典经济增长模型。索洛在模型中发现，对经济增长除资本和劳动的贡献外，还有一个很大的"余值"，其被索洛称为技术进步的贡献。这里的技术进步是由生产过程之外产生的，作用于生产过程，因而称作外生的技术进步。20 世纪 60 年代至 70 年代许多经济学家开始研究经济增长，发表了大量的论文，其中大部分是围绕着这个外生的"余值"进行的。新增长理论与新古典经济增长理论的主要区别在于，新增长理论强调了资本的边际生产力递减和技术进步的外生性。围绕着这一思路，就出现了三个主要的派别。其中之一就是以卢卡斯和罗默为代表的经济学者，他们认为人力资本也是推动经济增长的主要因素，技术进步只是取决于非生产性的科技开发。

里贝罗（Rebelo）③ 对 Uzawa 模型④之中所提出的教育作为个

---

① Becker, G. S., "Human Capital: A Theoritical and Empirical Analysis with Special Reference to Education," *New York: Committee for Economic Development*, 1962.

② Lucas. R. E., "Why Doesn't Capital Flow for from Rich to Poor Countries," *American Economic Review* 80 (1992), pp. 92 - 96; Romer, Paul M., "Increasing Returns and Long - Run Growth," *Journal of Political* Economy 94 (1986).

③ Rebelo Sergio, "Long Run Policy Analysis and Long Run Growth," *Journal of Political Economy* 99 (1991).

④ Uzawa, Hirofumi and Kenneth J. Arrow, "Preference, Production, and Capital: Optimum Technical Change in an Aggregative Model of Economic Growth," *International Economic Review* 6 (1965).

体技术能力产生的假定进行了弱化，在其设定的模型中人力资本、生产技术的规模收益等相对保持不变，那么资本的积累则会沿着一定的增长轨迹不断增长。贝克尔和墨菲（Becker & Murphy）①的"专业化增长"以 Romer 模型作为分析的基础，获得的结论是，学识的提升有益于加速收益水平的增长，非物质资本与科学的发展规划是经济增长的重要推动力。斯特凡尼亚·佐特（Stefania Zotter）②对经济理论模型进行了补充并利用其模型对人力资本和经济增长之间的关系进行了分析，其模型中存在的教育形式只有在职培训。米歇尔·康诺利（Michelle Connolly）③对美国 170 多年间的经济发展差异信息进行分析得出，非物质资本，也就是人力资本在其中扮演着重要的角色。具体表现为，人力资本对各州的收入、生活、技术外溢以及经济增长的速度等都具有重要的影响。桑诺博等（Sonobe）④分析得出，人力资本质量有一定的变动即可对制造业的产量产生重要的影响，越是具有高水平管理人员的企业越能够占领新兴制造业产品的市场。人力资本概念是新制度经济学用来阐述性质、边界与内部治理等多个领域问题的重要手段。公司作为人力资本开发自身应有功能的载体，在人力资本的运用过程中也要求其提供培训等方式来加速

① Becker, Gary S. , and Kevin M. Murphy, "The Division of Labor, Coordination Costs, and Knowledge," *Quarterly Journal of Economics* 107（1992）.

② Stefania Zotter, "Heterogeneity in Human Capital and Economic Growth," *Temi di Discussione*（*Economic Working Papers*）455（2002）.

③ Connolly, Michelle P. , "The Dual Nature of Trade: Measuring its Impact on Imitation and Growth," *Journal of Development Economics* 72（2003）.

④ Yamamura, Eiji, Tetsushi Sonobe, and Keijiro Otsuka, "Human Capital, Cluster Formation, and International Relocation: The Case of the Garment Industry in Japan, 1968 - 98," *Journal of Economic Geography* 3（2003）.

人力资本的提升。同时参考了科斯（Ronald H. Coase）① 所提出的交易费用原理，该学派提出人力资本在运用活动中有着与合约相同的不完备特性。承载着在工作活动中开发自身的能动性与创造力，实际的公司环境会显著影响工作过程中的积极性。与此同时，现有的企业管理模式与组织架构，在某些方面会对人力资本的测定与计量等构成显著的阻碍。因此，需要企业在运转过程中对其制度进行合理化设计并寻找恰当的管理方式，既能够有效管理人力资本并调动其积极性，又能克服对其在使用、监督时遇到的困难，提高人力资本利用率。

综上关于人力资本理论与经济增长关系的相关文献，不难看出，国外学者关于人力资本的研究相对较早，也相对成熟，并伴随着社会生产力的发展变化而逐步深入。但是，国外关于这方面的研究主要集中在宏观方面，尚未关注微观层面。

再看国内研究。朱翊敏等依靠构建各个年度 GDP、物质资本、人力资本数量投入以及技术水平等多个因素的生产函数，探讨了现有经济增长进程中的贡献机制。② 雷丽平等将三大产业的就业人数作为产业人力资本分布状况，对地区产业结构状况进行研究，并根据区域经济发展环节中的配置结果，有针对性地形成配套的优化策略。③ 曹晋文在分析的过程中运用结构方程针对人力资本与增速间的联系开展实例研究，最终的结果表明，尽管人力资本对经济发展的影响并未达到显著的状态，但是人力资本投

① Coase, Ronald H., "The Nature of the Firm," *Economica* 4 (1937).
② 朱翊敏、钟庆才：《广东省经济增长中人力资本贡献的实证分析》，《中国工业经济》2002 年第 12 期，第 73~80 页。
③ 雷丽平、于钦凯：《中国人力资源开发对区域经济发展的影响及对策研究》，《人口学刊》2004 年第 4 期，第 21~25 页。

资的不断提升，会带动综合技术生产率的指标也实现显著增长，进一步达成加速整体经济发展的预期目标。[①] 安慧玉在分析的过程中预估和评价了黑龙江的人力资本数据，进一步探讨论证了平均值、结构、行业和地区等因素和经济发展之间存在的数量关系，同时通过对多指标与关联的对比分析，论述了人力资本因素对当地经济建设所产生的影响，为后续人力资本的开发与运用提供可靠的策略，形成了具备良好可行性的优化策略。[②] 张绮萍研究惠州当地的人才开发和区域发展的各项关系，并着手构建了以生产函数作为基础的第 t 年份的产出 GDP 与劳动力投入等各个因素所形成的函数关系，为方便最终数据的整理分析，采用同取对数的方法开展后续的分析。[③]

其一，与同质劳动不同，各类劳动者作为生产要素的投入者，其自身综合技能的提高来自教育培训、发展自身的知识储备体系以及强化自我学习与工作等多个方面，借此来提升处理各项问题的能力。通过以上方式，有益于劳动者更好地掌握最新的技术与操作方法，在劳动供给不增加的基础上，提升整体的劳动生产率，进而促进经济体系的发展。其二，优化医疗卫生等健康投资可以保障身体处于相对健康的状态，确保劳动者可以有充足的精力，提升各个劳动者的有效劳动供给值，确保人力资本可以提供更好的工作质量，不断提升人力资本的要素功能。整体而言，

---

①　曹晋文：《我国人力资本与经济增长的实证研究》，《财经问题研究》2004 年第 9 期，第 9 ~ 13 页。

②　安慧玉：《黑龙江省各地区人力资本与经济增长关系的面板数据估算》，《长春师范学院学报》（自然科学版）2008 年第 2 期，第 11 ~ 13 页。

③　张绮萍：《人才资源开发与区域经济发展的关系分析——以惠州市为例》，《价值工程》2012 年第 20 期，第 12 ~ 15 页。

依靠持续提升教育与保障教育等办法来实现良好的人力资本激励效果，可以加速人力资本产生更为理想的边际生产率。

要素投入一方面可以提升劳动者的供给，产生更为理想的生产效率，另一方面也能够依靠技术创新的方式来间接加速经济的增长[①]。首先，人力资本是实现知识创新与技术发展的关键。伴随新时代全球化的持续发展，随创新活动所出现的技术发展逐渐演变为现代经济发展的核心动力，而各种科学创造都是人类智慧的结晶，技术创新需要以人力资本的有效投入作为基础。有别于市场中的大部分物品，知识存在非竞争与部分排他两种属性。这一特征可以保障单位有着符合要求的经济效益，确保其可以在市场经济体系中产生良好的示范效果。而非竞争性就代表着技术创新会产生特殊的外溢效应。换而言之，参与知识创新的单位不仅有助于提升整体的生产效率，也有助于提升社会整体的产出效率。除此之外，知识创新可以有效控制边际收益递减对于经济发展产生的消极影响，保证收益递增的持续增长。其次，人力资本是技术扩散的重要保证。Nelson & Phelps 的分析得出，技术扩散事实上可以看作人力资本投资和产生的关键过程，而技术扩散自身也要求有着优质的人力资本来开展配套的推动与传播工作。整体来说，在其他条件维持固定的基础上，人力资本存有规模更大的国家或者区域，加速采取技术模仿的措施，能够使技术扩散的范围相对更广。

（二）人力资本集聚对促进经济增长的表现

首先，现代产业集聚促进地区产业资本增加。在工业集中地

---

① Nelson, R. and Phelps, E., "Investment in Humans, Technological Diffusion, and Economic Growth," *The American Economic Review* 56 (1966).

带，同行业产业的公司以及存在关联的公司积聚在一个区域内，为区域性的发展而做出自身的贡献。人力资本积累的速度加快，集聚区域具备的优势将会更为明显。当形成了一定的规模后，将会发挥出磁力的作用，区域性的吸引力加强，不仅能够让附近区域的人才慕名而来，甚至能够吸引很多海外的优秀人才前来就业。比如我国北京中关村形成一定发展规模和集聚效应后，不仅成为国内人才的集聚圣地，同时很多海外的人才也在此任职。在这种集聚的环境下，打造了更为理想的创新氛围和创业环境，其内部的拓展性也得到提升，创业机会大大增加，分工更加明确和具体，推动深化发展，从而迸发出更大的经济活力。

其次，人力资本集聚效应对区域经济发展的直接促进作用。人力资本聚集直接关系一个区域的经济发展。舒尔茨于 20 世纪 60 年代推出的人力资本研究成果告诉我们，对经济增长具有贡献的因素除了知识和能力等带来的作用以外，劳动力自身更为关键。[①] 新经济发展形成于 20 世纪 80 年代后，此时人们研究的重点为人力资本逻辑的效益发挥、专业知识以及技术的效应等。在人力资本的作用下，区域性竞争很大程度上体现为人力集聚效应之间的比拼。

人力资本集聚，关系一个区域的创新和调整能力，关系区域产业结构的变动和发展。而在更大范围来看，其技术创新和产业调整，体现和促进了全球经济的发展趋势。区域性产业结构的积极调整，离不开技术的创新和进步。当人才结构和技术构成出现变化和发展的时候，产业结构自然会面临调整和变化。当革新发

---

① T. W. Schultz, "The Value of the Ability to Deal with Disequilibria," *Journal of Economic Literature* 13 (1975), p. 828.

展新技术后，其扩展效率在很大程度上受制于一个区域的人力资本状况。

综观国内外，在社会经济高度发达地区，都会发现一个普遍规律，即经济越发达，人力资本越集中。无论是美国硅谷、日本东京，还是国内的北京、上海、广州、深圳等地区，经济发达的根本原因就在于聚集了一大批具有高素质和高能力的人才队伍。地区之间的差异也很直观地表现在对人力资本的投入与管理方面，在历年的地区招聘会上，都会出现"抢人"风波，为了招揽到高素质的劳动者，无论是从工资待遇，还是从政策优惠上，都给予了极大的扶持。这就是地区在发展中，推行的更加开放的人才政策。

第三节

人力资本与区域经济发展的相互作用

一　国内外关于人力资本与区域经济发展之间关系的阐述

人力资本促进区域经济增长主要通过科技创新这一中介产生作用，科技是第一生产力，是推动社会经济有序发展的核心要素。就世界发达国家科技创新对经济发展的重要性来看，在 21 世纪初期，技术对生产力发展的贡献基本保持在 20% 左右，而如今在工业化发达的国家，技术对生产力的促进作用已经达到 80% 以上。毫无疑问，技术已经成为推动社会经济发展的重要因素。人力资本通过不断积累，推动了科学技术的进步。如果没有一大批高素质的人才队伍，就不可能有如此多、如此丰富的科技创新产品，也就自然不会保障社会经济发展的有序进行。人力资本的积累是造就大批科学技术人才的基础，是推动科技发展和经济增长的源泉。劳动者素质的提高，能够使得劳动者更加有效率地使用复杂的生产设备，同时，伴随着如今大数据等高新技术的采用，将会在更大程度上发挥出物质资本的作用，实现生产过程中人与物的有机结合，从而促进生产增长和经济发展。

当前该理论的各个经典创作者，率先对劳动力流动的作用给予了关注。舒尔茨认为，医疗保健以及个人和家庭根据工作机会变化而发生的迁移等方面的投资形成了人力资本[①]。其中就包括了个人和家庭根据工作机会变化而发生的迁移。贝克尔在分析中提出，人力资本投资有着"在职培训、迁移等多种构成"[②]。劳动力流动理论重点分析流动所构成的影响效应。初期阶段的理论分析得出：人口迁移导致一定的人才流失，进一步影响经济的发展[③④⑤⑥]；高技术移民的进入会造成流入地有着相对偏低的雇佣

① 〔美〕西奥多·W. 舒尔茨：《论人力资本投资》，吴珠华等译，北京经济学院出版社，1990，第9～10页。

② 〔美〕加里·斯坦利·贝克尔：《家庭论》，王献生、王宇译，商务印书馆，2005。

③ Bhagwati J. N. , Hamada K. , "The Brain Drain International Integration of Markets for Professionals and Unemployment: A Theoretical Analysis," *Journal of Development Economics* 1 (1974), pp. 19 - 24.

④ Bhagwati J. N. , Carlos R. , "Theoretical Analyses of the Brain Drain," *Journal of Development Economics* 2 (1975), pp. 195 - 221.

⑤ Miyagiwa K. , "Scale Economies in Education and the Brain Drain Problem," *International Economic Review* 32 (1991), pp. 743 - 759.

⑥ Haoue N. U. , Kim S. , "Human Capital Flight. Impact of Migration on Income and Growth," *Staff Papers of International Monetary Fund* 42 (1995), pp. 577 - 607.

率,进而形成一定的福利损失①②。后续对 OECD 等组织与国家的实例分析得出,劳动力流动可以实现明显的积极效应,重点为两点:其一,因为境外的教育收益大于国内,这有助于提升人力资本的预期收益,进一步激励更为巨大的教育投资,所以能够提升整体的人力资本水平③④;其二,可以为外出者提供数量更为充足的人力资本,此类人的返回会形成额外的人力资本存量,进一步形成更大的经济效率⑤⑥⑦。

学术领域针对两方面的因素对地区经济差距影响的认知,尚无统一结论⑧,各学派间乃至于相同学派都有着特殊的分歧。该方面积极理论提出,劳动力体系的迅速流动对于促进地区间经济增长率平衡具有积极作用。而事实上,诸多研究发现,劳动力的

① Bhagwati J. N. , Hamada K. , "Domestic Distortions, Imperfect Information and the Brain Drain," *Journal of Development Economics* 12 (1975), pp. 139 – 153.

② Katz E. , Stark O. , "International Migration under Asymmetric Information," *The Economic Journal* 97 (1987), pp. 718 – 726.

③ Stark O. , Christian H. , Alexia P. , "A Brain Gain with a Brain Drain," *Economics Letters* 55 (1997), pp. 227 – 234.

④ Stark O. , Christian H. , Alexia P. , "Human Capital Depletion, Human Capital Formation, and Migrationp. A Blessing or a Curse?" *Economics Letters* 60 (1998), pp. 363 – 367.

⑤ Vidal J. P. , "The Effect of Emigration on Human Capital Formation," *Journal of Population Economics* 11 (1998), pp. 589 – 600.

⑥ Beine M. , Frederic D. , Hillel R. , "Brain Drain and Economic Growth: Theory and Evidence," *Journal of Development Economics* 64 (2001), pp. 275 – 289.

⑦ Beine M. , Frederic D. , Hillel R. , "Brain Drain and Human Capital Formation in Developing Countries: Winners and Losers," *The Economic Journal* 118 (2008), pp. 631 – 652.

⑧ Barro, R. J. and Salai – Martin, X, "Convergence," *Journal of Political Economy* 100 (1992).

流动和地区经济发展平衡之间的关系并非简单的线性关系，劳动率的较快流动对地区经济增长的促进作用并非成比例增长，仅从人力资本流动速度解释经济发展的平衡性问题有一定的局限性，同样，将人力资本的结构考虑在内，其结果也是如此。

经济增长理论认为劳动力的流动增加人力资本的同时也就意味着各地经济发展差距的变化。但在该理论内部就劳动力流动对区域经济发展差距的作用存在截然相反的观点。一种观点是认为劳动力流动和人力资本积累会扩大地区之间的经济差距。另一种观点则认为劳动力流动和人力资本的积累会缩小地区之间的发展差距。第三种观点提出，劳动力流动机制造成一定的差距增大或缩小，并且受限于地区的人力资本质量和人力资本结构。尽管存在所谓的第三种观点，但是第三种观点实为上述两种对立观点的混合。

国内研究中，有关将劳动力流动作为人力资本积累的重要机制得到我国学术界的普遍认可[①]，但是对劳动力流动对于人力资本积累构成影响的原因与结果的分析有着多种不同的论点。观点一提出，人口流动对于流出地会形成显著的消极影响，但是此类影响并非仅仅是因为劳动力流出造成了资本存量与技术要素产生变动，同时也和潜在产出的"外溢与滴漏效应"存在联系。而且两地的收入差距和人口规模变动的区别，也会导致人力资本的积累有一定的区别。诸如，有学者参考省级面板的各项信息，使用混合 OLS 与随机效应估计的相关成果展开分析，得出该影响伴随流出与流入地的收入差值提升与人口流动规模的提升，而产生一

---

① 文建东：《人力资本流动与经济发展》，《当代经济研究》2005 年第 9 期，第 33～37 页。

定程度的降低，乃至于会产生对流出地的积极影响；相较于大规模流动来说，小规模的流动对积累的抑制更加显著；参考中国当前的经济发展状况、地区收入差距与流动规模等信息，可发现人口流动从整体的角度来分析会影响地方的资本积累。观点二提出：在经济发展的各个阶段，劳动力流动对流出地所构成的影响有着一定的区别，最开始的经济发展阶段所产生的人力资本流动，刺激了后续的人力投资与资本积累，进一步为后续的经济发展提供可靠的人才支持；经济发展到特定阶段的情况下，人力资本产生一定的回流变化，进而加速欠发达区域的经济发展。但是基于近些年的实例分析成果观察，侧重于认定劳动力流动影响了流出地人力资本的积累效应。

关于流动对地区经济差距构成影响的分析，我国学者也有着多种观点，整体而言主要有下述几类观点。观点一提出，劳动力流动为流入地带来人力资本集聚以及外溢的效应，表现为劳动力流动机制有着增大各个区域经济差距的效果[1]，这一方面导致了区域间的经济收入差距有所提升，另一方面也增大了特定区域的内部差距[2]。同时各项分析也得出，因为人力资本与技术要素等构成的对外输出机制，劳动力流动对于流出偏多的区域的消极影响更为明显，特别是高技能劳动力流动所形成的积聚力量，就会增加地区收入差距。观点二提出流动能够从其流入地带来一定的经验和资本以回向流出地，为流出地提供发展动力，而这对于缩

① 肖六亿：《劳动力流动与地区经济差距》，《经济体制改革》2007 年第 3 期，第 113～117 页。
② 段平忠：《改革开放以来我国经济增长地区差距分布解析——基于 Theil 指数分解的解释》，《理论月刊》2008 年第 10 期，第 48～49 页。

小地区间的发展差距很有意义。[①] 但是在劳动力流动对缩小区域差距具有积极作用方面的看法上还存在一定的争议，主要是出于对回流的短期性、有限性的思考。

二　人力资本对区域经济发展的作用

（一）人力资本对区域经济差距的影响

目前有关人力资本给区域性经济发展带来的作用，以及区域经济发展差别的研究重点出现在人力资本流动和这种流动效应对流出地和流入地的关注上，对人力资本流动的影响看法大致如下。

首先，劳动力流动作用于区域性经济发展，区域发展差别的根本原因在于流动人力资本自身所带来的趋利效果、外溢效果、集聚效果等，此类不同的效果状态直接影响到区域性的经济发展，从而形成了差别性的发展格局和层次。其次，人力资本的引进和流动对引入地而言具有积极的功能，同时流入地的诸多相关群体包括流入人力资本主体本身都能够得到实际的效益。最后，这种流动性作用对流出地带来的影响作用难以明确，其正面价值的发挥往往在严格的条件和环境下才能形成。[②]

（二）人力资本与区域产业结构升级的互动协调发展

人力资本聚集关系产业的创建、生存以及长远发展。对于

---

① 李实、赵人伟：《中国居民收入分配再研究》，《经济研究》1999 年第 4 期。

② 张立新、崔丽杰：《劳动力流动、人力资本积累与地区经济增长差距研究综述》，《湖南人文科技学院学报》2015 年第 2 期，第 41～47 页。

一个区域而言，其人力资源、劳动力素质以及教育状况等直接影响到区域性的产业发展状态。全面缺乏人才的区域，也就是人力资本的整体质量水平低，此时其通常向资源、劳动密集型的产业方向发展。借助人力资本积累带来的知识技术、借助科技化的设备和机械，这些区域往往朝着资本、技术密集型的产业方向发展。尤其需要提出的是，对于以技术、知识等为主要导向的产业而言，全面高素质的人力资本是创建龙头企业、形成规模的基础条件。

在人力资本和产业结构调整领域的研究日益增多，所以对二者之间的关系进行探索就更加具备必要性，价值更大。"协调"即为不同的个体为了实现整体的工作目标，而对不同个体的工作以及相应活动积极调整，从而提升彼此的配合性，加强关联，形成良性的循环发展形势。而相互协调就需要二者理解和配合，保持协作，共同发展，进而实现一致的目标。"推动和拉动"就体现了二者协调的作用，运用在这里可以表述成产业结构积极变化（X）拉动人力资本（Y），而另一个层面人力资本的集聚和发展（Y）促进了结构的变化和升级，进而具备推动（X）的作用，这样就发展为"……X→Y→更深入 X……"的理想发展模式。因此双方的相互协调机制体现为：产业结构的积极变化带动区域性的人力资本进步，而后者的进步发展对区域性的产业变化有积极作用。

1. 区域产业结构升级拉动人力资本发展的机理

（1）增加人力资本存量

对一个区域的经济发展、增长状态进行分析，该地区产业结构优化调整程度是关键指标之一。经济增长是产业结构积极优化和变动的结果，同时让该区域人们的可支配收入进一步提升。在满足基本消费的需求后，人们倾向于为人力资本投资花费更多的可支配资源，主要体现在为继续教育、培训机会、子女的教育和长远发展、医疗保障和健康提供支撑等，因此产业结构的积极动态显然会造成人力资本投资规模的又一轮提升。

产业升级的根本即为劳动导向型转变为非劳动导向型。在这种变化的环节中，公司将会创建更多的培训和教育机会，进而让普通的劳动工人转变成技术工人，拥有一技之长；而朝着技术导向型产业过渡时，需要对高端人才、技术研发等加大培养和支持力度，进行更充分的投资；而随后的知识导向型发展阶段，创新的作用更为重要，相应人才的培养和挖掘工作成为关键所在。知识能够融入和体现在产品的方方面面，带来更充分的附加值，并反作用于人力资本投资的增加。结合以上的分析我们认为，产业结构的升级变化将会造成整体的人力资本存量进一步提升。

在进行升级和调整的过程中，其主要目标是扩大第三产业的比重。首先，第三产业方面的教育、培训等直接影响到人力资本的发展；其次，第三产业对所需的就业人员素质要求较高，所以，能够反作用于人们提高对人力资本的关注度。

（2）提高人力资本利用效率

产业结构升级的支撑和内在动力离不开高技能的全面人才。随着传统行业逐渐朝着知识型产业变化，公司更加关注人力资本的价值，进行更充分的投入，而高素质人才是公司提高研发、创新能力的重要基础。运用人才招募和引进的方式能够较为直接地得到高水平人才，带来立竿见影的发展效果。对于公司原有的不同部门和岗位的工作人员进行挖掘和培训、教育也不容忽视，这同样是十分重要的获得高素质人才的渠道，因此，公司应该注重人力资本利用的水平。在市场利益的引导下，在产业结构持续改善和升级中，加快人力资本从低效率转变到高效率，优化现有的人力资本布局，更为充分地发挥人力资本的价值。结合以上分析我们认为，提升人力资本的利用率成为加快产业结构积极变化的关键因素。

（3）促进人力资本配置结构的优化

从时间、空间两个角度来分析，人力资本配置的概念即为把人力资源设置在最理想的位置上，从而释放出人才资源的最大作用，创造最大的价值。人才在工作岗位之间、行业之间、不同区域之间的流通作用既为人力资本配置的表现，也体现了其核心内涵。配第－克拉克理论①告诉我们，产业结构的变化调整会加快劳动力因素从传统行业逐渐过渡发展到高新产业中，而在这一变化调整的过程中，人力资本在不同产业之间的流动将会更加活跃和频繁。人力资本最后被分配到最有需求的行业和领域中，加快了不同产业之间技术、知识的流动，交流作用和融合趋势进一步深入发展，对于处理区域之间的发展不平衡问题具有积极的价值、示范方法和措施。另外，更关键的是在高度利用人力资本的前提下，推进经济的快速发展。结合以上分析，产业结构的升级变化除了能够提升相应的资本存量，更有助于提升人力资本的利用率，完善人力资本的更高水准配置。

2. 人力资本如何推动区域产业升级

产品的生产步骤根据其顺序能够划分成资源配置、生产组织、产出三大方面，这三个部分之间存在相互关联的关系，共同

_____

① 〔英〕威廉·配第：《政治算术》，陈冬野译，商务印书馆，2014。

构成了从资源到产品的完整过程。当资源分配不合理时，生产效率就会降低，从而导致产品供需不平衡，最终的产业结构也显得很不合理。

（1）通过调节市场供求来推动产业结构升级

通常来说，需求、供给结构在市场经济环境下表现为相匹配的关系，产业结构的积极变动和发展需要建立在市场需求的前提下。产业结构的发展和调整直接受到市场需求变化的影响。人力资本水平的提升必然会导致人均可支配收入的增加。人们会在基本需求（衣食住行）得到满足的基础上，在教育、文化等更高水准的需求上强化投入，进而促进消费结构的动态演变。居民的消费习惯趋向于理性和高级，此时的需求结构相应地出现变化，造成了后续产业结构的积极调整。

由于需求结构与供给结构之间是相匹配的关系，进而前者的变化必然造成后者出现相应的转变。因此，需要更加合理地生产满足社会公众真正需求的新产品，对传统产品进行升级和改造。例如新技术的投入和使用、更加智能和人性化产品的打造、更加绿色和便利的出行方式等。不过在实际生活中，人力资本影响供给相对比较迟缓，主要是因为生产消费过程中仍存在严重的短视行为，导致生产者在人力资本投资方面存在一定的偏差和不足，在市场中就出现了供不应求的问题。此外，经过对市场供求关系和状态的影响改变，人力资本将会促进产业结构的动态发展。

（2）通过提高生产效率来推动产业结构升级

人力资本含有要素、效能两个领域的产出水平，效能属于提升生产效率的重要因素。在以往的生产函数概念中，劳动、技术等不同要素的内部影响作用形成的最终结果即为总产出的改变，资源要素转化的水平以及效率的高低直接影响生产率的状态。同属于生产资源的物质、人力两个方面的资本，一定会面临着冲突问题。因此，二者在投入生产的环节中，这种冲突问题重点体现在两个资本的数目不一致以及质量不匹配方面。一旦对人力资本和技术设备的投入比例失调，将会使资源转换效率严重降低，增加生产成本。因此，不难看出，人力资本的投资对于高素质人才和高精尖技术设备的配置具有直接关系，当高层次人才和高水平设备结合的时候，既能够减少要素间的冲突，更能满足提高产业生产率的要求，从而使产业有更好的发展空间。

（3）通过作用于资源配置来推动产业结构升级

在进行产业结构调整的过程中，第一步就是对资源进行重新配置，从而使得资源从在各部门之间的不平衡分配向平衡分配过渡。在这一过程中，人力资本扮演着重要的角色。其产生作用的方式重点为两种表现，也就是资源的变化作用以及其集聚效应。就像上文分析的那样，当一个产业满足较为理想的人力资本存量时，其就具备较高水准的技术水平，从而有利于生产率的提高，这样就具备了低生产成本的优势。因此，人力资本存量高的产业部门的效益就会高于人力资本存量低的部门，在市场规律的作用下，一些资源也就会流向这些具有高人力资本的产业，这就是资源的置换效应。

人力资本的集聚效应和人力资本的置换效应作用机制类似，人力资本的提高所造成的相关生产要素流入特定产业，就形成了资源的集聚作用。而这种效应的形成与人力资本存量的强化相关，进而提升了企业的生产效率，从而增加对资源的需求以满足当前需要。

第四节

本章小结

本章主题为人力资本与区域经济发展的理论基础。第一节就人力资本对区域经济发展产生影响的基础理论进行了梳理，主要包括最为常用的教育在人力资本和区域经济发展中的中介作用、古典经济增长理论、索洛经济增长理论、内生增长理论以及 MRW 模型中对人力资本的涉及。之后是从人力资本和区域经济变动的角度描述了人力资本与区域经济发展之间的相关关系。第二节从人力资本集聚效应的角度再次综述了人力资本主体流动和其对区域经济社会产生作用的机制。从不同的理论视角对人力资本的形成和对区域经济社会发生作用的过程进行了分析，这为之后的人力资本对区域经济发展的影响分析提供了一定的参考角度。第三节则对人力资本与区域经济发展的相互作用进行了具体阐述，主要包括人力资本对地区经济差距的影响以及人力资本与区域产业结构互动协调发展的机制。重点强调了在区域经济发展过程中协调好人力资本与区域经济发展关系的机制，只有形成良好的互动机制才能增加并利用好既有的人力资本存量，才能够使人力资本主体的主体性得到有效发挥。虽然本节未涉及人力资本与区域经济发展的理论，但对二者相互作用的机制进行梳理也是下文分析人才在面对人才政策以及区域社会经济发展程度做出选择时的主体性考虑的需要，同时关于人力资本对区域经济发展差距的影响也是下文比较不同区域人力资本状况及人才政策对区域经济发展作用的重要依据。

第三章
人力资本对区域经济发展贡献测度

改革开放以来的40余年，是中国经济飞速发展的40余年。这一时期，中国的经济发展被视作世界经济发展的奇迹。这一奇迹的发生离不开最为核心的因素——人。人作为生产关系中的核心要素，其对经济发展的主要作用来源便是人力资本。本章主要从人力资本入手，探索我国经济奇迹产生的根源，亦即人力资本对经济发展的重要推动作用。

第一节

我国不同时期的人力资本发展状况

一 社会主义建设时期人力资本发展

新中国成立初期，我国的经济、文化和社会事业百废待兴，需要大量的人才来为国家建设服务，但当时数量稀少的知识分子无法符合实际建设的需要。统计资料显示，在新中国成立早期的 4 亿人口中，文盲占了 90%，接受过一定教育的知识分子不足 200 万人，属于高级知识分子范畴的更是仅有 10 余万人。在这样一种人才匮乏的局面下，对现有知识分子的团结和改造是当时的重要任务。此外，苏联援华专家在培养中国的人才过程中起了重要作用，其传授的先进经验和技术更是为中国培养了大量技术人才。所以，当时中国有限的存量人才资源、苏联援华专家及其培养的人才、中国赴苏联留学的人才以及争取回国的我国的海外知识分子共同构成了新中国初期重要的人力资源。这段时期的主要人才政策是团结知识分子，这主要是出于我国当时的基本国情，新中国成立之后，国家各项事业都在有条不紊展开，要建设新中国、建设社会主义，就必须依靠人才队伍，必须重视知识分子的作用。1956 年，周恩来同志在《关于知识分子问题的报告》①中就强调，中国的知识分子，经过学习和锻炼，他们中间的绝大部分已经成为国家工作人员，已经为社会主义服务，已经是工人阶级的一部分。这一阶段，党积极团结知识分子，为新中国成立初期的政权稳固和恢复生产发挥了重要的作用。华罗庚、李四光、钱学森等一大批科学家涌现出来，为恢复经济生产和强化国防建设发挥了不可替代的作用。

1966 年起，我国的高等学府连续 6 年停止招生，研究生连续 12 年没有招生，留学生等交流活动也受到了严重的影响。这一时期的人才政策失误，使我国与世界发达国家甚至周边国家的经济社会发展水平差距越来越大。

二 改革开放时期人力资本发展

改革开放以来，世界政治经济格局的变幻莫测和我国经济发展的势不可当决定了我国在不同阶段的发展任务不同。我们党始终坚持与时俱进、开拓创新，不断提出适应时代要求的人才思想，其呈现出了不同的理论内涵与时代价值。改革开放后，我国人才工作的思路不断得到纠正，特别是邓小平同志提出的解放思想、实事求是的思想路线，为党在知识分子政策上的拨乱反正提供了根本的政治思想保证，确保了我们党和国家制定出了正确的知识分子政策。邓小平同志充分认识到要发展必须通过改革，而改革成功的关键因素是人才，从实际出发提出了"尊重知识，尊重人才"的重要思想，创立了以此为核心的人才战略体系，充分肯定了人才在现代化建设中的战略地位和主体作用。从"尊重知识，尊重人才"的人

---

① 周恩来：《关于知识分子问题的报告》，人民出版社，1956。

才战略，到"人才是第一资源"的人才强国战略，再到"国以才立，政以才治，业以才兴"的人才强国战略，新时代，我党再次提出"发展是第一要务，人才是第一资源，创新是第一动力"的人才战略思想，表现出党的人才工作根据不同的时代主题在不断发展和深化，而"人才是第一资源"的战略思想始终占据人才工作的高地，党的人才工作逐步发展到整合力量、全面推进崭新阶段的历史进程，表明了党的领导能力和执政水平的不断发展与提高。

继邓小平同志之后，江泽民同志、胡锦涛同志和习近平同志在不同的发展阶段，结合当时我国的国情、党情、世情，做出了有关人才政策的正确指引，使得尊重知识、尊重人才的氛围逐渐被营造。"科教兴国战略""人才强国战略""建设创新型国家战略""创新驱动发展战略"等不同战略的提出，为保障我国知识分子储备发挥了重要作用，激发了国内知识分子的热情，也为推动社会经济健康有序发展奠定了坚实的基础。

进入21世纪后，我们党更加重视人才工作，提出并实施了"人才强国战略"。2002年5月，中共中央办公厅、国务院办公厅印发《2002—2005年全国人才队伍建设规划纲要》。2003年12月，中共中央、国务院召开中国共产党和新中国历史上第一次全国人才工作会议，通过了《关于进一步加强人才工作的决定》。2010年6月，中共中央、国务院颁布《国家中长期人才发展规划纲要（2010—2020年）》。2016年3月，中共中央又下发《关于深化人才发展体制机制改革的意见》。不仅如此，中共中央组织部、教育部、科技部、人力资源和社会保障部等还先后制定并实施了"跨世纪/新世纪优秀人才培养计划""百千万人才工程""长江学者奖励计划""国家杰出青年科学基金"，以及高等教育中的"985""211""双一流"等一系列建设工程。在开展人才工作的过程中，党的人才观也在不断与时俱进。科技部 2015 年相关报告数据显示，2013 年我国已经拥有 7100 多万科技人才。具体而言，具有本科和更高学历的一共为 2943 万人，与美国的工程师数量相当。根据人数进行统计的话，2013 年我国已经拥有 R&D 人员 500 多万人，我国科技人力资源的数量优势正在体现出来。

第二节

我国人力资本的聚集与分布

一　人力资本的计量

进入改革开放的新阶段后，我国的经济发展一直维持 10% 左右的高速提升。特别是近一个时期，我国经济逐渐步入转型的正轨中，人力资本对经济发展、社会经济的活跃、人民生活的改善产生了直接的影响作用，做出的贡献更为可观，引起了众多学者对该领域的重视。对人力资本与经济发展之间关系的研究而言，其面临着一个无法逃避的问题，那就是怎样得到全面而精确的数据。结合人力资本的特征我们能够发现，人力资本是无形的、难以感触和实际测量的。

此外，人力资本的测量不像物质资本那样直观生动，能够量化，因此，对于其研究和计量都只能采用间接的方式进行。比较国外和我国的该领域计量研究，能够总结为两种主要的测量方式：结合货币的计量以及结合指标的计量。第一种方式重点含有人力资本投入水平测量（相关货币现值的累计成本法）以及人力资本的产出运算分析（也就是后续可能带来的未来收益方法）；而第二种方式中，通常结合非货币指标围绕人力资本实施测量，比如整体性的多指标法等。此类方法对应不同的优势和不足，不过需要提出的是，运用计量方式有差别，从而形成的计量结果亦有所差别，同样面临着一定的人力资本实证分析的不足和局限性。

目前，国内在测度人力资本方面，主要采用国际通用的方法即 Jorgenson – Fraumeni 的终生收入法，一般将其简称为"J – F 方法"。从 2009 年起，中央财经大学李海峥教授研究团队采用这种方法估算了中国及各省市的人力资本存量，在国际上产生了广泛影响。"J – F 方法"又叫终生收入法，是以每个人的预期生命周期产生的收入现值来衡量其人力资本水平。"J – F 方法"的基本原理详见中央财经大学《中国人力资本报告 2018》[①]，在这里就不再做详细介绍。本书使用李海峥教授团队提供的数据，来进一步分析中国人力资本聚集情况。

二　我国人力资本的存量发展阶段性分析

1978 ~ 2015 年，我国人力资本存量表现为连续提升的态势。1978 年指标数值仅仅为 2200 多亿元，根据 1978 年不变价计算，至 2015 年末该指标已经超过 10 万亿元，为 1978 年的 47 倍多。此外，1978 ~ 2015 年中，人均人力资本存量同样处于提升的态势。1978 年我国该指标的数值不足 300 元，根据 1978 年不变价，到 2015 年末该指标已经实现 7000 多元，提升幅度为 32 倍多。不

[①] 《中国人力资本指数报告 2018》（中文版），http：//humancapital. cufe. edu. cn/baogaogengxin18. pdf，最后检索时间：2020 年 6 月 7 日。

过 1978 年至 2015 年间我国整体人口同样是增加的状态,进而造成我国该指标的提升幅度与整体资本存量相比要小一些。

我国总人力资本存量的变动发展可划分为三个时期。第一时期为 1978～1995 年,该阶段资本存量的增长比较缓慢,其具体数值从 1978 年的 2221.13 亿元提升至 1995 年的 8088.49 亿元,实现的年均增长水平仅为 7.90%。第二时期为 1995～2008 年的稳步发展阶段,该指标的数值从 1995 年的 8088.49 亿元提升至 2008 年的 40346.04 亿元,年均提升幅度为 13.16%。第三时期是 2008～2015 年的高度发展时期,该指标数值从 2008 年的 40346.04 亿元提升至 2015 年的 106290.63 亿元,年均提升幅度是 14.84%。

我国人均人力资本存量的变动与整体存量变化方向大体保持吻合,也可划分成三个时期。第一时期为 1978～1995 年,这一时期中该指标的增长十分缓慢,其相应数值从 1978 年的 230.75 元提升至 1995 年的 667.80 元,年均提升幅度仅为 6.45%。第二时期为 1995～2008 年的稳步提升阶段,此时数值从 1995 年的 667.80 元提升至 2008 年的 3038.06 元,年均提升幅度实现 12.36%。第三时期为 2008～2015 年的快速发展阶段,该指标从 2008 年的 3038.06 元提升至 2015 年的 7732.36 元,年均提升幅度实现 14.28%。不难发现,因为我国人口增长,1978～2008 年,该指标的提升与总人力资本存量发展相比要慢一些,在 2008～2015 年间,二者的增速基本保持吻合。

我国总人力资本存量增长率和人均人力资本存量增长率的变化可划分为四个时期。

第一时期为 1979～1995 年,二者的增长率都体现出波动提升,1985 年两个指标的增长最慢,提升幅度分别对应 3.63% 和 2.17%。1990 年两个指标增长最快,增长率分别实现 11.95% 和

10.36%，两个增长率的最大差值各自达到了 8.32 个百分点和 8.19 个百分点，意味着该时期我国人力资本投资波动明显。

第二时期为 1995～1998 年，这一时期二者的增长率都体现为提升，总人力方面从 9.99% 提升到 17.41%，增加 7.42 个百分点，人均方面从 8.84% 上升到 16.34%，增长 7.50 个百分点，意味着这一阶段人力资本投资大幅增长。

第三时期为 1998～2007 年，该时期二者指标都体现出波动下降，总人力方面从 1998 年的 17.41% 减少到 2007 年的 8.81%，人均方面从 1998 年的 16.34% 减少到 2007 年的 8.25%，意味着这一阶段人力资本投资放缓。

第四时期为 2007～2015 年，该阶段二者都体现出波动上升，总人力方面从 2007 年的 8.81% 提高到 2015 年的 15.19%，人均方面从 2007 年的 8.25% 提升到 2015 年的 14.62%，意味着该时期人力资本投资加快，不过因为基数问题，增速较第二阶段缓慢。具体而言，2009 年的总人力指标实现 22.95%，人均方面实现 22.36%，属于我国 1978 年后人力资本存量增速最快的年份，这与我国在 2008 年推出的一系列举措相关。通过政策的影响实现了扩大内需，经济稳定发展，人力资本也有着显著的发展。

第三节

人力资本对我国经济发展贡献率测算

人力资本贡献率是衡量人力资本发展水平的重要指标之一。人力资本贡献率即人力资本生成量与消耗量之比，或收获量与使用量之比。贡献率是描述经济效益的指标之一，它是指生效或可用成果量与成本使用及占有量之比，即生成量与消耗量之比，或收获量与使用量之比。

计算公式：贡献率（%）=贡献量（生成量，收获量）/消耗量（使用量，占有量）×100%

贡献率也用于分析经济增长中各因素作用大小的程度。

计算方法是：贡献率（%）=某因子贡献量（增量或增长程度）/总贡献量（总增量或增长程度）×100%

上式实际上是指某因素的增加量（程度）占总增加量（程度）的比重。

这里的关键就是，如何计算出要素推动经济增长量的问题。目前，国内在计算要素增长率方面的研究成果颇多，特别是在人力资本贡献率探索方面，一批青年学者[1]在计算方法改进方面做了诸多努力。他们在计算人力资本贡献率时，更多是以马克思劳动价值理论为基础，通过分解商品价值构成部分，并依据各部分之间的相互关系，测度出产出弹性系数，从而用该产出弹性指标来测度劳动力因素推动经济增长的贡献量。具体如下：

根据马克思劳动价值理论，商品价值构成公式为：

$$W = C + V + M \qquad (3-1)$$

其中，W 是商品价值量，C 是不变资本，V 为可变资本，而 M 则是剩余价值量。其中，不变资本是生产资料价值，可变资本是劳动力价值，剩余价值则是劳动力价值增值部分，而 $V+M$ 可以被称为劳动力总价值。所以，可以将商品价值看成由不变价值

---

① 马宁、王选华《中国人才贡献率测度：1978—2015》，《统计与信息论坛》，2017 年第 12 期，第 101~107 页。

和劳动力总价值两部分构成。其中，C 由物质资本投资来形成，$V+M$ 主要由人力资本和科学技术进步来实现。这时，人力资本总价值中，假定由人力资本独立创造的价值为 H，由科技进步创造的价值为 T，把商品价值增值部分进行了分离，设前后两个时期分别为 T_1、T_2，商品的价值量表示为如下形式：

$$W_1 = C_1 + H_1 + T_1,\ W_2 = C_2 + H_2 + T_2 \qquad (3-2)$$

对以上两个商品价值构成公式进行运算，并做适当变形，则得到如下形式：

$$(H_2 - H_1) + (T_2 - T_1) = (W_2 - W_1) - (C_2 - C_1)$$
$$= (W_2 - C_2) - (W_1 - C_1) \qquad (3-3)$$

将 T_1、T_2 时期生产商品耗费的人力资本分别设为 L_1、L_2，并将这两个变量带入以上公式，经变形后，得到如下形式：

$$(W_2 - C_2) - (W_1 - C_1) = \left(\frac{W_2 - C_2}{L_2} - \frac{W_1 - C_1}{L_1}\right)L_2 + \frac{W_1 - C_1}{L_1}(L_2 - L_1)$$

$$(3-4)$$

以上模型中，$\dfrac{W_2 - C_2}{L_2}$、$\dfrac{W_1 - C_1}{L_1}$ 分别表示 T_1、T_2 两个时期生产率水平。因此：第一部分 $\left(\dfrac{W_2 - C_2}{L_2} - \dfrac{W_1 - C_1}{L_1}\right)L_2$ 表示因劳动力质量提高，促进劳动生产率提高而带来的价值增值部分，我们将这部分解释为由科技进步带来的价值增值；第二部分 $\dfrac{W_1 - C_1}{L_1}$ $(L_2 - L_1)$ 表示纯粹由劳动力数量增加创造的价值增殖部分。于是得到以下价值恒等式：

$$T_2 - T_1 = \left(\frac{W_2 - C_2}{L_2} - \frac{W_1 - C_1}{L_1}\right)L_2,\ H_2 - H_1 = \frac{W_1 - C_1}{L_1}(L_2 - L_1) \quad (3-5)$$

在价值恒等式基础上，我们来推导参数 α、β 的估算公式。

因为 $W_2 - W_1 = (C_2 - C_1) + (T_2 - T_1) + (H_2 - H_1)$，将该等式两边同时除以变量 W_1，则可以得到如下恒等式：

$$\frac{W_2 - W_1}{W_1} = \frac{T_2 - T_1}{W_1} + \frac{C_2 - C_1}{C_1} \times \frac{C_1}{W_1} + \frac{L_2 - L_1}{L_1}\left(1 - \frac{C_1}{W_1}\right) \qquad (3-6)$$

以上恒等式中，左边的 $\frac{W_2 - W_1}{W_1}$ 表示经济产出增长率，右边 $\frac{C_2 - C_1}{C_1}$ 表示固定资本增长率，$\frac{L_2 - L_1}{L_1}$ 表示劳动力增长率，$\frac{C_1}{W_1}$ 表示物质资本产出弹性，$1 - \frac{C_1}{W_1}$ 表示人力资本产出弹性。因此，产出弹性系数 α、β 分别为：

$$\alpha = \frac{C_1}{W_1}, \quad \beta = 1 - \frac{C_1}{W_1} \qquad (3-7)$$

按照以上方法，可以测算出 1978～2017 年中国人力资本对经济增长的贡献率，具体结果如下。

从表 3-1 的计算数据可以看出，将我国经济发展的主要推动力分为物质资本投资和人力资本投资的话，在 1978～2017 年改革开放的近 40 年里，物质资本和人力资本投资呈现阶段性的变化特征。具体而言，在改革开放初期的一段时期内，我国的人力资本对经济发展的贡献率远远高于物质资本投资的贡献率。这一方面的原因在于改革开放初期我国劳动力的数量在其中扮演了重要角色，另一方面也是由我国物质资本本身市场价值并不高所致。而在改革开放之后，市场经济机制在我国经济发展中的重要地位的确立以及房地产的迅猛发展等使得物质资本投资对经济增长的贡献率不断提升，而人力资本在经济增长面前的贡献率就显得弱势，这种贡献率的发展模式是不利于我国经济长远发展的。

表 3-1　1978~2017 年分年度中国人力资本贡献率测算有关数据

单位：%

年份	GDP增长率	物耗率	人力资本增长率	物质资本增长率	人力资本贡献率	物质资本贡献率
1978	—	0.377	—	—	—	—
1979	7.6	0.364	8.10	5.10	75.49	24.51
1980	7.9	0.347	8.41	9.62	57.48	42.52
1981	5.1	0.331	7.98	-0.39	102.54	-2.54
1982	9.0	0.321	7.42	10.43	62.88	37.12
1983	10.8	0.320	6.41	8.90	73.52	26.48
1984	15.2	0.345	6.78	21.04	52.30	47.70
1985	13.5	0.394	6.51	21.58	37.15	62.85
1986	8.9	0.380	6.32	9.13	61.19	38.81
1987	11.7	0.377	6.37	10.37	66.64	33.36
1988	11.3	0.395	6.48	11.93	58.28	41.72
1989	4.2	0.375	5.59	-14.31	227.60	-127.60
1990	3.9	0.343	3.34	-2.84	124.87	-24.87
1991	9.3	0.355	2.73	15.44	41.03	58.97
1992	14.3	0.395	2.55	29.73	17.72	82.28
1993	13.9	0.439	2.55	28.84	9.12	90.88
1994	13.1	0.407	2.46	14.87	53.84	46.16
1995	11.0	0.394	2.43	11.80	57.62	42.38
1996	9.9	0.381	2.95	10.23	60.70	39.30
1997	9.2	0.360	1.66	6.82	73.37	26.63
1998	7.8	0.354	2.93	13.40	39.60	60.40
1999	7.6	0.346	4.30	5.42	75.38	24.62
2000	8.4	0.340	4.64	9.43	61.92	38.08
2001	8.3	0.360	3.27	13.00	43.60	56.40
2002	9.1	0.366	2.91	14.65	40.96	59.04
2003	10.0	0.402	3.31	20.56	17.60	82.40

续表

年份	GDP增长率	物耗率	人力资本增长率	物质资本增长率	人力资本贡献率	物质资本贡献率
2004	10.1	0.424	3.08	14.44	39.22	60.78
2005	11.3	0.409	3.10	13.44	51.61	48.39
2006	12.7	0.404	0.90	13.18	58.05	41.95
2007	14.2	0.409	2.13	15.83	54.39	45.61
2008	9.6	0.427	2.01	11.81	47.63	52.37
2009	9.2	0.458	2.42	25.38	-25.88	125.88
2010	10.6	0.470	7.29	14.37	36.51	63.49
2011	9.5	0.470	8.81	10.76	46.67	53.33
2012	7.7	0.465	1.70	9.92	40.44	59.56
2013	7.7	0.466	1.86	10.30	37.50	62.50
2014	7.3	0.462	2.52	6.54	58.43	41.57
2015	6.9	0.496	2.39	5.10	36.44	63.56
2016	6.7	0.479	2.46	5.820	47.44	52.57
2017	7.0	0.476	2.31	6.94	44.95	55.05
1978~2017	9.5	0.398	4.14	11.50	55.53	44.47

资料来源：依据马宁、王选华《中国人才贡献率测度：1978—2015》，《统计与信息论坛》2017年第12期，第101~107页；以及国家统计局网站 www. stats. gov. cn 的数据计算得到。

表3-2　中国分阶段人力资本贡献率变化情况

单位：%

时间段	GDP年均增速	物质资本年均增速	基期物耗率	物质资本贡献率	人力资本贡献率
1978~1988年	10.07	10.60	37.75	39.72	60.28
1989~1999年	9.97	12.98	37.52	48.86	51.14
2000~2010年	10.51	15.60	36.02	53.48	46.52
2011~2017年	7.22	8.17	47.01	53.19	46.81

资料来源：依据马宁、王选华《中国人才贡献率测度：1978—2015》，《统计与信息论坛》2017年第12期，第101~107页；以及国家统计局网站 www. stats. gov. cn 的数据计算得到。

　　由表 3 - 2 我国各阶段的人力资本贡献率的计算结果可以看出，自改革开放至 20 世纪末，我国人力资本的贡献率一直在 50% 以上。尽管改革开放以来人力资本的贡献率都比较高，但是不可忽视的是人力资本的贡献率呈现的是不断下降的趋势。同时，与之相反的则是物质资本贡献率的不断提高。具体而言：1978 ~ 1988 年的 10 年间物质资本贡献率为 39.72%，而人力资本贡献率高达 60.28%；1989 ~ 1999 年的 10 年间，物质资本贡献率提高到了 48.86%，而人力资本贡献率则下降到了 51.14%；2000 ~ 2010 年的 10 年间，物质资本的贡献率超过了 50%，达到了 53.48%，也超过了人力资本贡献率；再到 2011 ~ 2017 年的 7 年间，物质资本贡献率和人力资本贡献率相对稳定下来，分别为 53.19% 和 46.81%。在人力资本存量不断增加、人力资本质量不断提高的现实情况下，我国人力资本的贡献率却不断下降，物质资本贡献率反而不断提高，这在一定程度上反映了我国经济增长的依靠点或者说经济增长方式存在一定的问题，更是反映了我国在既有人力资本的利用上存在一定的问题。

第四节

我国人力资本状况所存在的问题

一　人口红利行将消失，需要提高人力资本红利

　　人口红利作为一个经济学概念，一直被认为是测算我国人力资本的重要指标。其内涵是一个国家的劳动年龄人口占总人口的

比重，如果这个比重较大，则意味着人口红利较大，相对应的人口抚养比指标就小，也就为经济发展提供了大量的劳动者，就越有利于增加经济增长所需要的人力资本，也会带来整个国家高储蓄、高投资和高增长的局面。如果从统计数据来看，2013年国家统计局公布的数据显示，2012年我国劳动力人口中，处于15至59岁之间的劳动力出现了第一次绝对下降，下降人口数约为345万人，这样就意味着我国人口红利出现了短期的消失，导致经济出现"减速"，经济发展进入新常态。

但是，人口红利与经济增长之间并不存在必然的关联。也就是说，有人口红利不见得就意味着经济必然出现增长。然而，反过来讲，当国家经济出现增长时，人口红利必然成为推动经济增长的助推剂。回顾改革开放40多年来我国经济发展的数据，中国经济之所以出现了令世界为之震撼的"增长奇迹"，很大程度上是因为我国具有丰富的劳动力资源和较低的劳动力成本优势，使我国成为世界工厂，并为世界经济增长提供了强大引擎。人口红利对经济增长的影响主要体现在劳动力的供给上，从劳动力供给来看，我国劳动年龄人口增速开始放缓，劳动年龄人口数量大约在2015年开始出现短暂下滑，这也就是我们看到的人口老龄化严重，而且出现了"用工荒"等现象。

同时，我们也应该清醒地认识到，人口红利消失会对社会经济发展带来不利影响。短期来看，人口红利的消失，将意味着我国劳动年龄人口就业不充分，也就加重了社会负担，人口红利消失意味着人口抚养比上升，不仅包括老年人，而且包括未成年人，从而造成了劳动力资源的极大浪费。从城乡发展来看，农村劳动力素质普遍偏低也是制约人口红利实现的重要因素。2019年，我国城镇化率达到了60.60%，仍有5.5亿农村人口。我国农村地区仍有十分丰富的劳动力资源，大量的劳动力伴随着城镇化进程流入城市。这也就说明我国收获"人口红利"将在很大程度上取决于农村剩余劳动力资源转化为现实劳动生产力的实现程度，取决于农村剩余劳动力的发展程度。但是，现实问题是，我国农村劳动力的素质普遍偏低，这与经济高质量发展的要求还有相当大的差距，低素质、低成本的劳动力也就自然决定了低成本的创造力，不利于适应社会主义新时期的经济发展需求。长期来看，人口红利是一个国家人口结构发生变化的长期的、必经的阶段。从长期看，中国总人口中劳动人口比重将减少，中国经济所享有"人口红利"的黄金时代正在渐行渐远。人口老龄化和青壮年劳动力供给速度的持续下降，将经由劳动力要素供给以及与此相关的社会储蓄和资本积累两方面，制约中国经济未来的增长。

但是，2018年10月24日，李克强总理在中国工会第十七次全国代表大会上做经济形势报告时指出，改革开放40年来，我国劳动者的素质呈现不断提升的态势，技能水平也在不断提高。"人口红利"加速向"人才红利"转变，这是我国发展的最大"底气"。[①] 李克强总理的这段话表明，为保证"人才红利"对经济增长的作用，就必须想尽办法使我国庞大的人才数量向人才质量迈进。这就需要加大教育的投入力度，努力提高公民的素质。

"十三五"期间，"人口红利"下降是我国人力资本发展面临的严峻形势。"人口红利"对于中国自改革开放以来40多年的经济增长提供了有力支撑，整体而言，这一时期的"人口红利"对我国人均GDP增长的贡献超过了1/4。但是我国的适龄劳动力人

---

① 《李克强在中国工会十七大作经济形势报告》，中国政府网，http://www.gov.cn/xinwen/2018-10/24/content_5334173.htm，最后检索时间：2020年6月7日。

口从 2003 年开始其增长量出现了下降的趋势，到 2012 年时，适龄劳动人口比重出现下降的情形，这意味着我国劳动力的数量较之前，"人口红利"逐渐下降。这一问题所产生的消极影响最为明显的表现就是在"十一五"阶段，对于制造业来说，国内劳动生产率和成本的增长率几近相等，并且近些年以来，后者的增长速度要显著高于前者。上述变化有两个最为直接的影响和表现：一是我国劳动力的供给已经达到了刘易斯拐点；二是以低人口抚养比为特征的人口红利也行将消失。这些影响在我国较世界其他国家表现得更为显著。而这一趋势的长期发展必将导致在一段时期内劳动力成本的不断上涨。如此，传统的依靠资源和物质投入的发展模式必将不可持续。因此，需要从人力资本角度着手，逐渐完善经济发展的动力，实现经济结构的战略性转变。

二 创新型人才培养不足

半个多世纪以来，世界上众多国家都在各自不同的起点上，努力寻求实现工业化和现代化的道路。一些国家主要依靠自身丰富的自然资源增加国民财富，如中东产油国家；一些国家主要依附于发达国家的资本、市场和技术，如拉美国家；还有一些国家把科技创新作为基本战略，大幅度提高科技创新能力，形成日益强大的竞争优势，国际学术界把这一类国家称为创新型国家。世界上公认的创新型国家有 20 个左右，包括美国、日本、芬兰、韩国等。这些国家的共同特征是：创新综合指数明显高于其他国家，科技进步贡献率在 70% 以上，研发投入占 GDP 的比例一般在 2% 以上，对外技术依存度指标一般在 30% 以下。此外，这些国家所获得的三方专利（美国、欧洲和日本授权的专利）数占世界数量的绝大多数。我国科技创新能力较弱，根据有关研究报告，2004 年我国科技创新能力在 49 个主要国家（占世界 GDP 的 92%）中居第 24 位，处于中等水平①。

面对上述国际形势，2006 年，胡锦涛同志提出要扎实完成建设创新型国家的重大战略任务②，2006～2020 年，是中国通过不断的努力进入创新型国家的战略机遇期，由此为全面建设小康社会提供强有力的支撑。这期间，将横跨三个"五年规划期"，真正通过转型与创新发展，从初步纳入科学发展的轨道到全面纳入科学发展的轨道。该项工作其实早在 2003 年 6 月，国家就成立了由时任总理温家宝担任组长的中长期科学和技术发展规划领导小组。该工作历时两年半，先后有 2000 多名专家参与其中，征求了多部门、地方的意见，12 易其稿，最终在 2005 年 12 月 30 日由国务院颁布实施。2006 年 1 月 9～11 日在北京召开的全国科学技术大会上，中共中央、国务院发布了《关于实施科技规划纲要，增强自主创新能力的决定》，对《国家中长期科学和技术发展规划纲要（2006—2020 年）》进行了全面部署，推进提高自主创新能力、建设创新型国家战略的实施。

为积极推进创新型国家战略的实施，党和政府历来高度关注创新型人才的培养，习近平总书记在多个场合强调，"发展是第一要务、创新是第一动力"，作为创新的核心要素，人才至关重要。创新型国家战略的实质是人才驱动，创新型人才的数量多寡和质量高低，是判断一个国家是否为创新型国家的核心因素。

---

① 中华人民共和国科学技术部网站，www.most.gov.cn，http：//www.most.gov.cn/ztzl/qgkjdh/qgkjdhmtbd/t20060117_27954.htm，最后检索时间：2020 年 6 月 7 日。

② 胡锦涛：《胡锦涛文选：第二卷》，人民出版社，2016。

《2018 年全球创新指数报告（GII）》显示，当前创新型国家主要集中在西方发达国家，美国和西北欧国家名列前茅。在这些国家实现创新发展的进程中，包括政治、经济、社会、文化等很多因素都起到推动性作用，但人才是其中最具有核心驱动力的关键因素。经合组织（OECD）研究表明，高质量的国际人才是经济增长的重要影响因素，缺乏高端人才的国家难以依靠人力资本获得经济增长贡献。创新指数领先的国家，研发人员数量也位居世界前列，以从业人员中研发人员比例为例，美国为 9.1‰，英国为9.2‰，德国为 9‰，日本为 10‰。

反观我国，虽然科技研发人员总数居世界第一，但占从业人员的比例远低于创新型国家的平均水平，这已成为建设创新型国家的严重制约。现阶段，我国对教育投入的增加使得我国居民的整体受教育情况有所改善，居民受教育水平不断提升。但是这只是在基础教育上的进步，主要是知识获取量的整体提高。这种模式在一定程度上对新思维和动手能力的培养有所欠缺，从而导致我国整体上在创新意识、创新能力的发展上较为落后。据《2017—2018 年全球竞争力报告》，中国国内整体竞争力指数列全球第 27 位，我国如果想在竞争中获得更为靠前的排名，需要不断提高技术的利用程度，而这一程度提高的关键首先在于人力资本的积累。

三　人均产出效率偏低

2016 年 8 月发布的《二十国集团（G20）国家创新竞争力发展报告（2015—2016）》显示，我国人才资源总量已稳居世界第一位，但人均产出效率远落后于发达国家，尤其是高端创新型人才仍较为稀缺，人才队伍大而不强。而发达国家之所以具有较强的创新竞争力，很重要的原因在于其创新型人才资源规模和人才密度相对较大。尽管我国凭借数量庞大的创新型人才队伍，居民专利申请量已跃居世界第一，但报告指出，与科技论文数等科研成果指标类似，我国目前的专利申请中存在较多低水平成果，其中有相当数量仅仅是为评职称、评奖或争取申请科研经费等现实需要而申报，缺乏经济社会效益。从知识产权使用费收入情况看，2005～2014 年，美、日、英、德、法等发达国家的知识产权使用费收入稳居 G20 前列。2014 年美国的知识产权使用费收入达 1303.61 亿美元，远超其他发达国家和地区。而我国 2013 年知识产权使用费收入为 8.867 亿美元，仅为美国的 0.68%、日本的 2.81%、英国的 5.18%、德国的 6.76%、法国的 7.67%，存在很大差距。巴西、阿根廷、南非、墨西哥、印度尼西亚等发展中国家的知识产权使用费收入均低于 4 亿美元。

这就表明，我国科技人力资源总量位居世界前列，但并非代表着我国成为科技人力资源强国。在现有的评价标准中，其密度和产出率是最为重要的指标，而我国在这两项指标上与发达国家还有很大的差距。首先，就科技人力资源密度来讲，我国每 1 万名就业人员当中，从事 R&D 的研究人员在数量上增长缓慢。2018 年 11 月，中国科协调研宣传部与中国科协创新战略研究院联合发布的《中国科技人力资源发展研究报告——科技人力资源与创新驱动》[1] 指出，截至 2016 年底，我国科技人力资源总量已达 9154 万人，稳居世界第一，但我国科技人力资源密度出现增

---

[1]　中国科协调研宣传部、中国科协创新战略研究院：《中国科技人力资源发展研究报告——科技人力资源与创新驱动》，清华大学出版社，2018。

速下降的趋势，并且远远落后于发达国家。截至 2016 年，我国每万人科技人力资源约为 660 人，在 2011～2016 年，我国每万人口科技人力资源数增加了 162 人，年均增幅为 5.8%；而 2005 年至 2011 年间，我国每万人口科技人力资源数从 325 人增长到 498 人，增加 173 人，年均增幅为 7.37%。这组数据对比显示出，我国科技人力资源密度的增速在下降，表明我国科技人力资源爆发式增长的阶段已经结束，进入稳定增长阶段。其次，从科技人才的人均产出率来看，我国在 2012 年的时候劳动力人均 GDP 为 15868 美元，仅位于世界第 57 位，农业、工业、服务业部门的劳动力人均 GDP 分别为 4263.4 美元、23344.4 美元和 17942.3 美元，分列世界第 55 位、55 位和 56 位，相对于总量的世界第一而言，劳动力的人均产出率很低。

四 人才结构存在问题，缺少高端人才

创新发展战略的推进需要以个体的受教育和经验技能等作为基础，要求有着相应的资本存量与资本结构。但目前我国人才结构中高端人才尤其是高端科技研发人才的短缺，严重制约了我国的创新发展和转型升级。首先，在高端人才的数量分布和价值创造上，我国在重要行业中具有全球化企业雇佣价值的高端人才仅有 10%，国内能够胜任较高水准管理工作的毕业生也不足 20%，而在高新技术产业方面的附加值收入更是仅占 10%。其次，同高端人才数量分布和价值创造相关的是仅有的高端人才比例的难以为继问题，亟须教育科技的培育能够同人才、产业的发展有效对接，真正为现实生产力的发展提供动力。

根据《2019 年人才前景趋势大数据报告》，2019 年科技创新

依然是增长主力，核心技术人才持续紧缺。其中，计算机视觉、数据底层开发、人机交互等人工智能、大数据、半导体技术领域，量子计算、雾计算、边缘计算、数字孪生等新兴技术，以及基础研究领域的核心技术人才在 2019 年依旧供不应求。在全球范围内，相关科技领域的领军人物及核心技术人才的争夺战日益激烈，科技领域整体跳槽薪酬水平有较大增幅。其中，人工智能领域深度学习、计算机视觉、NLP 等职位薪酬上涨最快。互联网短视频、手游行业薪酬整体上升趋势明显，短视频领域跳槽薪酬涨幅可达 50% 以上。

五　创新动力和效率的提高缺乏合适的环境和有效激励机制

我国在促进创新动力和效率的提高方面存在两个问题。

一是各种制度对人才流动的约束。我国的人才流动始于 20 世纪 80 年代初期，关于人才流动的理论研究也始于这一时期。由于我国长期以来限制人才流动，因此，人才流动的理论研究主要集中于论证人才流动的必要性、合理性，以及如何促进人才流动，怎样构建人才流动模型。也有学者从市场与全社会的角度，认为人才流动是优化资源配置、开发人力资源的必然要求。有学者从社会组织的角度来论证人才流动的合理性，指出对于一个组织而言，由于组织环境与自身管理状况经常处于变化之中，因而人才饱和度也经常发生变化，当组织人才饱和度在组织系统中相对较高时，该组织总体表现出人才的外流倾向，相反则表现为人才的流入倾向。还有学者认为，我国经济社会发展中的二元结构导致劳动就业的二元结构，从而使人才流动不可避免。随着市场经济的确立，人才流动在我国愈显活跃与频繁，并出现了一些负面效应，如造成了人才资源区域配置、行业配置的不合理性，人才资源使用的非效率性，人才资源竞争的非正当性，等等。因而理论研究也偶尔关注人才流动对效率与公平的损害，如中国社会科学院戴园晨[①]等学者认为，人才资源完全市场流动，有可能产生流动的自发性、盲目性和无序性，因而需要国家运用法律手段、经济手段以及辅之以必要的行政手段，从宏观上调控其流量、流速和流向，使其尽可能趋于合理、有序、有效，我国政府要进一步发展和规范人才中介组织与人才市场，完善就业服务体系，加强职业培训，形成市场导向的就业机制与流动机制。而更多的学者则针对人才非正常流动对流出组织造成的公平和效率损失，指出这些组织应该采取"自救"的方式留住人才。但此类研究主要是在经济学领域，而且提出的理论观点或者太过抽象与宏观，或者缺乏理论深度，或者不具有普适性。也有少数学者从法学角度来讨论人才的非正常流动，认为不正当人才竞争的主要表现有：设置人才流动壁垒行为；专业人才垄断行为；以侵犯商业秘密为目的的人才竞争行为；不合理的竞业禁止行为。这些不正当人才竞争造成相关企业的人才流失，损害了流出单位的人力资本存量，迫使企业因人才流失而增加重新配置的成本，阻碍了人才的自由流动，加剧了劳资矛盾，人为抬高了人才的市场价格，破坏了人才市场的统一和有序开放，还导致一些企业陷入人才恶性竞争的恐慌之中。但此类研究大多局限于从反不正当竞争的角度来制约人才的非正常流动，缺乏系统性。而事实上，不仅人才的非正常流动所产生的负面影响不局限于对市场竞争秩序的破

---

① 戴园晨：《民营企业发展关键在人才战略》，《宏观经济研究》2002 年第 11 期。

坏，而且人才的非正常流动也不止于市场经营领域，在教育、科研等公共事业领域同样存在人才的非正常流动。

然而，伴随着社会经济的发展，我国人才流动却受到了相关制度的约束，具体表现为我国的高水平人才相对集中在机关和科研院所，与市场存在一定的距离。出现这种现象的原因主要是我国一直存在的体制内和体制外的差别，这一问题的存在直接导致较高层次人才的分布不均，并且直接限定了体制内外人才的互通互动，不利于高层次人才的优化配置。

二是科研激励机制的不足。对科研人员进行激励的最直接表现就是能够使科研人员在课题中的劳动报酬所占比例提高。当科研人员的劳务报酬在整个课题中所占的比例低于完成课题在制度程序上的比例，将会严重影响科研人员的积极性，不利于创新目的的达成。目前来看，我国科研人员的激励机制存在激励手段单一、体系不够健全、激励面不恰当、平均主义有失公平、奖励倾向过度、正负激励不对称等问题。首先，在激励手段上，从马斯洛需求层次理论角度而言，科研院所科技人才需求层次较高，他们不仅注重物质需要，更注重社会需要、尊重需要和自我实现需要。高成就、个人前途和自我价值实现是其工作的主要动机。然而，在激励过程中，绝大多数科研院所主要以薪酬作为手段实施激励，希望用高薪、高福利待遇吸引和稳定科技人才，而缺乏对科研院所科技人才兴趣、授权等多种方式的精神激励，忽视了科技人才发挥创新才能的诸如弹性工作时间和地点，工作内容的挑战性、丰富性等激励因素，这种激励手段过分单一，过于偏重物质激励，忽视精神激励和人文关怀，产生了激励与需要的错位，引起不满，在一定程度上挫伤了科技人才的积极性，难以形成真正的持续激励。其次，在激励手段上，公平理论强调，激励的合理性、公平性会对员工产生影响。当高层次人才拿自己所做的贡献和所受到的激励同一般员工进行对比时，若激励是无差别的，这种激励对科技人才就成了无效激励，也反映出组织实施的激励面不适当，或者说是激励程度不当。激励面过大或过小都会影响激励的效果。部分科研院所认为对科技人才进行高程度、大面积的奖赏，会鼓励绝大多数科技人才的积极性和创造性，促使其付出更多的创造性智力劳动，取得更多的科技成果，来回报组织。但如果员工没有突出业绩或贡献，却得到很高程度的奖赏，势必造成有突出贡献科技人才的不满，进而对企业的激励失去信心。相反，如果员工做出了贡献，却得不到应有的奖励，会造成工作热情下降，积极性和创造性受到打击。产生以上现象的原因，都是没有恰当把握激励的度。在激励机制构建中，应遵循公平原则，根据员工的实际贡献，采取适当程度的激励。最后，在奖励方面，斯金纳激励强化理论[①]指出，可以用正强化和负强化的办法来影响被激励人的行为。所谓正强化，就是激励那些符合组织目标的行为，以使这些行为得到加强，从而有利于组织目标的实现。负强化，就是惩罚那些不符合组织目标的行为，以使这些行为削弱甚至消失，从而保证组织目标的实现不受干扰。然而，不少科研院所认识到激励科技人才的重要性和必要性，也采取了相应的激励措施，但没有达到理想的效果。一个重要原因就是奖励倾向过度，甚至把激励等同于奖励，正负激励对立统一的关系不对等。虽然正强化比负强化更有效，奖励被更广泛地应用于激励和人的行为改造上，但是仅仅将激励狭义地理解为正面的鼓励，只强调利益引导是不准确的。激励应包括激发和约束两层含义，

---

① 〔美〕B. F. 斯金纳：《瓦尔登湖第二》，王之光、樊凡译，商务印书馆，2016。

两者之间是对立统一的。因此，在设计科技人才激励机制时，轻视或不考虑约束和惩罚措施，则难以达到激励的效果。

第五节

本章小结

本章从我国人力资本的发展历程和发展现状进行了综合梳理，对我国改革开放 40 多年经济奇迹的产生原因做了部分解释。具体表现为在我国人力资本发展演变历程方面，叙述了我国从新中国成立初期的人才短缺、人力资本不足等导致国家发展乏力，到改革开放之后，领导层面对人才的重视、诸多利于人才培养和充分利用的政策被提上日程，我国人力资本积累不断增加、人力资本结构日益完善，在科技人力资源利用方面更是达到了位居世界前列的水平。接下来本章从人力资本的聚集与分布状况视角对我国不同时期的人力资本总量以及存量的发展趋势进行了量化分析。另外，又从人力资本贡献率的角度对我国人力资本的质量做了具体的衡量，明确了目前的经济增长模式，从最初的要素驱动转化为新环境中的投资驱动模式，对我国经济增长的主要驱动是投资，1978～2017 年尽管人力资本的贡献率不断降低，但是人力资本质量快速提升，其提升的重点原因为劳动力教育水平与整体素养的不断提高。但目前的经济增长模式未能转化为理想中的依赖素质提升的创新驱动，因此这是后续经济发展模式的重点方向。同时，本章还指出了我国人力资本发展至今存在"人口红利"薄弱、人力资本红利亟待提升、创新型人才培养有待加强、人均产出效率偏低、人才结构问题突出、高端研发和技能人才短缺以及创新环境和激励机制不足影响创新动力和创新效率等问题。因而，我们应当就人力资本转化对于经济、社会稳定和进步以及人才价值实现的作用进行明确，持续增加在人力资本转化当中具有重要作用的教育人力资本、健康人力资本以及科研人力资本的投入。

第四章
人力资本与区域经济发展关系
实证：以北京中关村为例

本书以中关村为案例来研究人力资本与区域经济发展的关系，主要理由为：中关村是全国高质量人力资源聚集度最高的区域，又是高质量经济发展的主要代表区域。同时，中关村的空间范围在不断变化，从最初的"电子一条街"扩展到目前的"一区十六园"，而且中关村能够提供十分翔实的各类数据，以此为基础研究人力资本与经济发展的关系，可以发现更多规律性特点。

第一节

中关村发展概述

从 20 世纪 80 年代初的 "中关村电子一条街"，到 1988 年中国第一个国家级高新技术产业开发试验区，中关村实现了跨越式发展。但中关村的具体转型具有很大的戏剧性，因为它既经历了现代化的工业经济向后现代知识经济的转型，同时也经历了体制上的变革——从计划经济到市场经济。这一独特的转型历程，决定了它具有独特的发展道路。

至今，中关村科技园区已是我国科教智力和人才资源最为密集的区域，同时也是首个自主创新示范区，有着 "一区十六园" 的产业布局，更是首都北京实现技术发展的核心力量。参考中关村官方公布数据：2017 年，中关村实现总收入 4.8 万亿元，总收入在高新区中的占比为 17%，达到了 10 年中的新高数值，增加值大约为 6254.1 亿元，为全市 GDP 的 25.1%，为北京的发展提供了源源不断的动力，而且对经济增长产生的贡献率不断提高；新创办科技型公司的数量快速提升，当前已有 2.4 万多家，大概是 "十二五" 最初阶段的 5.8 倍，收入超过亿元的公司数量为 3273 家，而且有 73 家的收入超过百亿元，超千亿元的公司也有 6 家；在专利申请方面，专利申请数目约为 6.6 万件，实际占比达到了 55.7%。这些数字代表着创新人才对于经济发展的重要影响，而伴随创新驱动战略的不断推进，创新创业的影响力不断增加。

专栏 4 - 1　中关村科技创新三部曲

中关村作为中国科技创新的重要摇篮，因国家使命而生，随国家发展而变，始终以无私奉献、敢为人先的创新精神引领着中国科技的发展。新中国成立以来，中关村与我国科技创新发展息息相关，与民族精神、国家命运和我国经济社会发展紧密相连。70 年披荆斩棘，中关村谱写了举世瞩目的科技创新三部曲。

诞生：科技自主创新的摇篮

中国的自主创新之路，是从中关村起步的。新中国成立初期，中国科学院、北京大学、清华大学等中国科技和教育领域的领头雁均在中关村安营扎寨，奠定了这里成为"科学城""大学城"的基础。

1952 年，清华大学、燕京大学文理科的部分师资被并入北京大学，校址迁到位于中关村的原燕京大学校址。北京大学工学院、燕京大学工科各系被并入与新北京大学比邻而居的清华大学，清华大学由综合性大学转变为多科性工业大学。紧接着，中国科学院近代物理研究所科研楼在中关村竣工，成为当时中关村科学城的代表建筑。建设以中国科学院为中心的国家科技体系是它的使命。中国近现代科技史学家樊洪业认为，中关村原来的名称很多，如中官儿、中湾等，"中关村"3 个字流传开来是从 1953 年中国科学院在此建设"科学城"后开始的。

不久，中科院近代物理研究所更名为原子能研究所，科研楼由此得名"原子能楼"。新中国的核技术和科研力量集中于此，"两弹一星"的功勋科学家钱三强、王淦昌、邓稼先、于敏等均从"原子能楼"里走出。在原子弹、导弹和人造卫星研制中，中国科学院承担了一系列关键性科学和技术任务。中国科学院计算所在中关村研制出了我国第一台电子计算机，叫103 机，后来又研发了 104 机和第二代计算机，均为开发"两弹一星"做出了很大贡献。

改革开放前，中关村以密集的科技和教育资源，以能吃苦、能攻关、能创新、能协作的高素质科研队伍，以"两弹一星"精神，在服务新中国实现科技现代化的征程中，成为我国科技自主创新的摇篮，引领着中国科技发展。

成长：创新驱动发展的旗帜

"让我们张开双臂，热烈地拥抱这个春天吧！"1978 年全国科学大会召开，我国迎来了科学技术大发展的春天，激发了中关村的科技知识分子积极投身以科技创新成果转化驱动经济发展的全新尝试。

"第一个吃螃蟹"的是中科院著名等离子物理学家陈春先。他 3 次考察美国硅谷后，强烈呼吁要把中关村建成"中国硅谷"。他身体力行，带领同事创办了民办性质的科技开发机构"北京等离子体学会先进技术发展服务部"。这一石破天惊之举，在当时遭到巨大非议，却得到了中央领导肯定和支持。中科院、北大、清华的一批知识分子深受鼓舞，纷纷走出"象牙塔"，创办科技型企业。于是，京海、四通、信通、科海、联想等科技企业如雨后春笋般大量涌现。中国农村改革开始于安徽小岗村，科技领域改革开始于北京中关村。20 世纪 80 年代，"中关村电子一条街"闻名遐迩。这里成了国内最大的计算机与电子产品集散地，到1987 年，这里每天的人流量最高达 20 万人次，具有独立法人资格的科技型企业达 148 家，新技术产业产值达 2.2 亿元，技术成果辐射全国。1988 年，邓小平同志提出"科学技术是第一生产力"。同年，国务院批准在"中关村电子一条街"的基础上，划出100 平方公里的土地成立中国第一个高新技术产业开发试验区——北京市新技术产业开发试验区，并赋予其深化科技体制改革、探索"先行先试"经验的重大使命。

于是，中国有了第一个以电子信息产业为主导，集科研、开发、生产、经营、培训和服务于一体的综合性基地。北京市新技术产业开发试验区办公室第一任主任胡昭广说，试验区"试验"二字的核心就是创新，包括科技创新、体制创新、机制创新、制度创新和组织创新。

2006 年召开的全国科学技术大会，号召走中国特色自主创新道路和建设创新型国家。此后，国务院批复同意建设中关村国家自主创新示范区，要求把中关村建设成为具有全球影响力的科技创新中心，成为创新型国家建设的重要载体。作为科技创新改革破冰者、引领者，中关村形成了以求真务实、追求卓越、百折不挠、科技报国为主要特征的创新创业文化，形成了有利于要素聚合、主体协同、文化融合、环境友好的创新创业生态系统。在创办民营科技企业、推进股份制改革、企业海外上市、设立创业引导基金等方面，开了诸多全国先例；科技成果"三权"改革、股权激励、区域股权转让代办、出入境便利化等20 余项试点成功的政策，推广到全国其他地方。今天的中关村，联想、百度、京东、小米、龙芯中科、中芯国际、奇虎360、滴滴、今日头条、搜狗、商汤科技、旷视科技、寒武纪等2.2 万余家高新技术企业、342 家上市公司扎根于此，以人工智能、集成电路、新一代信息技术、生物健康、智能制造和新材料为代表的新兴产业云集于此。中关村已成为北京市乃至我国高质量发展的有力支撑。

超越：有全球影响力的科创中心

2013 年，中央政治局集体学习的"课堂"搬到了中关村，习近平总书记殷切期望："面向未来，中关村要加大实施创新驱动发展战略力度，加快向具有全球影响力的科技创新中心进军，为在全国实施创新驱动发展战略更好发挥示范引领作用。"[①] 此后，中关村加速建设具有全球影响力的科技创新中心。2018 年，示范区高新技术企业总收入超过 5.8 万亿元，技术收入首次超过万亿元，人工智能、集成电路等高技术产业总收入占比达 70% 以上，新一代信息技术产业规模超过 2 万亿元，大数据、信息安全市场占有率位居全国第一，集成电路设计收入约占全国 1/3。在关键技术领域，中关村实现了一批重点突破。"这是仅有人指甲盖 1/4 大小的微型光谱传感芯片，采用目前最热门的纳米材料量子点，基于其制备的水质实时在线监测终端，可实现全时段全方位监测水体状况，并进行污染溯源排查。"芯视界（北京）科技有限公司人员介绍说。芯视界自主研发的量子点光谱传感技术，第一次实现了光谱仪的传感器化。梦之墨科技有限公司开发的液态金属电子增材制造技术，则是变革性的电子制造技术，率先实现了液态金属 3D 打印（增材制造）技术的产业化。人工智能芯片、集成电路设计、5G 移动通信、石墨烯材料制备、液态金属增材制造……在一个个关键技术领域，新一代中关村人拿出了一项项领先的科技成果。

资料来源：2019 年 8 月 8 日《经济日报》（内容有删减）。

[①]　习近平：《敏锐把握世界科技创新发展趋势　切实把创新驱动发展战略实施好》，人民网，http://cpc.people.com.cn/n/2013/1002/c64094 - 23096105. html，最后检索时间：2020 年 6 月 7 日。

第二节

中关村产业与人力资本结构演变

近年来，中关村示范区高新技术企业坚持走创新发展的道路，积极探寻新时代的技术创新、业态创新以及商业模式等多方面的发展之路，结构调整、质量效益取得积极效果。以电子信息、生物工程和新医药、新材料及应用技术等为代表的 10 类战略性新兴产业企业所占比例已超过 90%。在具体阐述中关村产业结构与人力资本结构的演变历程之前，本节先梳理了国内有关人力资本与产业结构的相关文献，以期更好地支撑后面的论述。

一　人力资本与产业结构的关系

产业结构是发展经济学提出的概念，具体而言是指产业内部各生产要素之间、产业之间、时间、空间、层次的五维空间关系。国民经济的各产业部门都要保持一定的比例关系，是马克思社会资本再生产理论揭示的社会化大生产的客观必然性，是产业结构变动的普遍规律之一。而所谓的产业结构优化调整，是指推动产业结构合理化和产业结构高级化发展的过程，是实现产业结构与资源供给结构、技术结构、需求结构相适应的状态，它是指产业与产业之间协调能力的加强和关联水平的提高。

人力资本之所以能够对产业结构调整产生作用，主要体现在两个方面。首先，人力资本的供给可以推动产业结构调整的速度。当今经济发展的速度越来越取决于产业结构的优化程度，产业结构的转换适应了生产关系的调整，就能够跟得上经济发展的速度，而产业结构调整的核心要素就是产业转型。产业转型能够保证经济发展的质量和速度，其效率的高低也更多地取决于区域人力资本的状况。人力资本存量大且增量速度越快，就越容易带来产业结构的优化调整；产业人力资本供给效率越高，其就越能够成为工业经济时代的主导产业。同时，产业结构转变将在很大程度上改变原有产业间的经济技术联系，引起产业及市场环境的震荡和压力，人力资本存量越大、供给效率越高、积累能力越强的部门和产业就越容易经得起产业关联断裂的考验，就能够尽快形成新的产业关联。其次，人力资本的积累也有助于产业创新能力的实现。创新是推动社会经济发展的不竭动力，更是保障经济高质量发展的核心要素。只有推进科技创新，才能够更加保障经济高质量发展。从宏观视角来看，产业创新能够促使形成良性的竞争环境。在区域经济发展过程中，人力资本存量的增加主要是通过提高人力资本的质量来实现，单纯提高人力资本的数量，不能够在本质上促使科技创新。只有提高人力资本质量，才能够更好地保障经济的健康有序发展。

新结构经济学提出，当代的经济发展既是技术创新、产业发展和现代化的长期延续，又是不断完善产业发展的基础设施和体制安排的过程。在一定时期内，一个国家所具备的要素及其充沛程度在很大程度上决定着要素的价格并影响着产业结构状况。而一个国家或地区人力资本的配置则是内生于其突出要素和比较优势的。一国的要素结构处在不断的变动之中，主要是由资本与技术的积累、成长决定的。因为当前的新产业体系，在最初阶段欠缺互补性投入品与配套的基建支持，所以政府在该过程中要提供或协调配套的基建投资与投入品，从而让经济体可以选定与要素禀赋架构协同的产业，进而才可以开发自身所具备的比较优势，从宏观的角度来加速资本的优化，提升整体的产出率。对于经济发展的初级阶段来说，投资重点在资本密集型的产业，这也让就业有着一定程度比较优势（劳动密集型）产业的产出效率提升非常迟缓。基本建设所存在的不完善特征，作为影响产业体系发展的核心原因，进一步限制生产率与竞争力的提升。因而，对密集型产业人力资本配置的密切关注是具有前瞻性的发展战略。特定时点上某一区域的要素禀赋，影响其自身的比较优势，进一步影响相关区域的最优结构与资源优化配置的基础策略。特定区域的产业结构需要有要素禀赋结构升级（也就是从劳动力较为丰裕发展到资本较为丰裕）与新技术的引入，基本建设也要求有配套的优化，有益于后续的经济发展。

国内关于人力资本对于产业结构优化升级的研究可以追溯至20世纪90年代初，中国的学术界首次认识到"高层次人才"的各项内容，但是对有关"高层次人才"各项政策的研究分析相对偏晚。通过中国知网以"高层次人才"与"政策"为关键词进行文献检索，检索结果显示，1986～1999年这一阶段有关高层次人才政策的相关研究较少，每年的文献数目限于10篇范围内。研究视角多数为高校教育机制的优化①②、人才培养③等多个方面，一些文献采用高

---

① 李守福：《关于大学和地区社会关系的思考——兼述日本大学和地区社会的结合》，《外国教育研究》1995 年第 3 期，第 27～31 页。

② 刘育辉、陈启愉：《市场经济条件下的高校科技开发与科研管理》，《华南理工大学学报》（自然科学版）1996 年第 11 期，第 144～148 页。

③ 王宝锐：《培养高层次人才的探索与实践》，《继续教育》1996 年第 3 期，第 26～28 页。

层次人才培养与引进等作为分析的主题①。进入 21 世纪后，产生了一定程度的变化，因为国家将高层次人才归入政策系统之中，学术界的分析成果不断增加，通过对相关文献的梳理和研究，可见有关高层次人才政策的理论分析，重点有下述几个视角。

综述性研究方面：孙富强等基于对人才开发环境变化的认知与对各个区域的开发政策的归纳，通过政策的视角来分析当前开发体系的各项问题②；邱卫军等针对我国高校的人才选择、评价与激励等展开整体分析③；杨小玲等基于科技人才的角度进行分析，整理政策制度和实施成效④；有关高层次人才政策实践的各项经验，田海嵩等在分析中提出，经济危机导致的逆流现象可以为补充人才数量、增强人才质量等提供重要的支持，同时其基于发达国家所积累的丰富经验，为天津的高层次人才体系的发展提供了可靠的策略支持⑤。

专门研究方面，基于培养、评价与保障等多个角度开展深入分析。一是关于培养的分析。徐业滨基于振兴老工业基地的视角为高层次人才的发展提供可靠的策略支持⑥；王艳等针对《国家

---

①　可人：《学校将用优惠政策引进培养高层人才》，《重庆文理学院学报》（社会科学版）1997 年第 4 期，第 32 页。

②　孙富强、白敏植、任明强：《国内高层次人才开发政策分析》，《经济与管理》2003 年第 11 期，第 24 ~ 24 页。

③　邱卫军、王立剑：《国内高校高层次人才遴选、待遇、考核政策综述》，《科技管理研究》2011 年第 10 期，第 121 ~ 125 页。

④　杨小玲、陈刚、王建平等：《上海科技人才引进政策综述》，《上海有色金属》2012 年第 1 期，第 32 ~ 34 页。

⑤　田海嵩、张再生、刘明瑶等：《发达国家吸引高层次人才政策及其对天津的借鉴研究》，《科技进步与对策》2012 年第 20 期，第 142 ~ 145 页。

⑥　徐业滨：《黑龙江省高层次人才的现状及培养对策——从振兴东北老工业基地的视角》，《学术交流》2006 年第 7 期，第 116 ~ 118 页。

中长期人才发展规划纲要（2010—2020 年)》的内容开展多角度的分析，重点考虑未来应当培养与塑造有着良好创新素养的先进人才①；文华对延边经济建设在人才领域的各项需求展开深入的分析，进一步为国家、区域政府、大学与企业四大课题的优化工作提供可靠的支持，为发展更加高效的培养体系提供可靠的理论支持②。二是关于评价的政策研究。黄洪基等分析上海市留学归国人才发展环境，同时也探讨了关于政策评价的各项问题③；曹霞等在分析的过程中以政策效应与效率为着眼点，针对其开展深入的分析活动，同时着手构建适用于发展高层次人才的评价指标。④ 三是关于激励政策问题的分析。娄伟在分析的过程中，将现有的激励政策进一步划分为科技、院士选拔、特殊津贴等多个类别，探讨能够增强其创新能力的可行性激励政策措施。⑤ 王梅珍等在分析的过程中，认识到非物质鼓励成为当前激励体系的核心构成之一。⑥ 四是关于人才保障政策的分析。袁敬伟等提出未

---

① 王艳、樊立宏：《多头并举 培养造就创新型科技人才——〈国家中长期人才发展规划纲要（2010—2020 年)〉解读》，《中国科学院院刊》2010 年第 6 期，第 573 ~ 578 页。

② 文华：《延边经济发展中高层次人才培养的路径选择》，《延边大学学报》（社会科学版）2012 年第 1 期，第 75 ~ 81 页。

③ 黄洪基、陈永弟、仇立平等：《"上海梦"（下）——"上海留学归国人员发展环境和政策评价研究"报告》，《上海青年管理干部学院学报》2004 年第 2 期，第 3 ~ 7 页。

④ 曹霞、王洋洋、程逸飞：《高层次创造性人才队伍建设政策机制效果评价的指标体系》，《科技与经济》2010 年第 1 期，第 71 ~ 74 页。

⑤ 娄伟：《我国高层次科技人才激励政策分析》，《中国科技论坛》2004 年第 6 期，第 139 ~ 143 页。

⑥ 王梅珍、林建萍：《行业高校科技成果转化的若干问题探讨——基于宁波纺织服装行业科技成果转化的调查研究》，《中国高校科技与产业化》2009 年第 10 期，第 54 ~ 56 页。

来的发展中应当优化与完善高层次人才的社保体系[①]；罗光华认为市场和政府共同决定着人力资本结构的转变，政府在现有的产业规划以及政策指引方面为人力资本结构的发展提供可靠的服务、环境与法制条件等[②]；王国平指出发展中国家的政府对产业结构的升级产生的影响更大，政府可以通过提升改变产业结构、知识产权与人才创新等方面的扶助措施，实现产业升级"有所为"的目标[③]；张江峰等从政府在不同层面所存在的惰性出发，分析了政府在产业结构升级中的阻碍因素。[④] 姚先国等提出科技人才增速减少的重点原因是制度障碍[⑤]；官华平等从对东莞的数据分析中也发现了阻碍产业结构转变的组织性因素。[⑥]

二　中关村产业发展总体情况

"十三五"期间，中关村指出了要重点发展的六大产业，分别是前沿信息产业、生物健康产业、智能制造和新材料产业、生态环

---

① 袁敬伟、孙少伟、曹锐、栾喜庆：《建立国家高层次人才社会保障制度》，《劳动保障世界》2004 年第 7 期，第 30～32 页。

② 罗光华：《政府在产业升级过程中的作用研究》，《法制与社会》2008 年第 35 期，第 212～213 页。

③ 王国平：《打造长三角现代服务业中心实现杭州跨越式发展》，《杭州科技》2009 年第 5 期，第 8～12 页。

④ 张江峰、刘海峰：《产业升级中地方政府的组织惰性研究》，《宏观经济研究》2010 年第 5 期，第 72～74 页。

⑤ 姚先国、朱海就：《我国传统产业部门科技人才偏少的现状及其原因》，《上海经济研究》2001 年第 9 期，第 40～44 页。

⑥ 官华平、谌新民：《珠三角产业升级与人力资本相互影响机制分析——基于东莞的微观证据》，《华南师范大学学报》（社会科学版）2011 年第 5 期，第 95～101 页。

境与新能源产业、现代交通产业和新兴服务业（见表4-1）。2013年，中关村各类企业总收入第一次突破3万亿元，其中高新技术产品的销售收益达到了9369.6亿元，全年进出口总额达到886.7亿美元。这些经济指标均列全国高新区第一位。同时，这些指标呈现不断增长的趋势。

表4-1 "十三五"期间中关村六大重点产业

类别	具体产业
前沿信息产业	人工智能、大数据与云计算、虚拟现实、下一代通信与未来网络、信息安全、核心芯片、智能硬件、学习处理器、云存储系统、超级基站、集成电路制造关键设备、人工智能终端等产业。重点支持深度学习、计算机视觉、自然语言处理、数据挖掘分析、软件定义网络（SDN）、移动通信、量子通信、关键可信计算、区块链、芯片等信息技术
生物健康产业	生物医药、生物医学工程、生物农业与食品安全、健康服务业四大产业领域。重点支持高通量基因测序、分子免疫、脑科学、组织工程等精准医学，具有靶向性、高选择性和新作用机理治疗药物研发，新一代高通量基因测序仪、分子影像、医疗机器人、智能医疗器械等高端医疗设备及核心部件的研制应用，大数据、生物芯片等技术在食品安全领域的应用，促进移动医疗、第三方影像诊断、远程诊疗、医药电子商务等应用创新
智能制造和新材料产业	工业互联网及应用服务、智能机器人、无人机、3D打印、新型材料等产业。重点支持柔性机器人、微纳机器人、人机协作机器人、服务机器人和特种机器人，数字化车间和智能工厂、工业云、云制造服务平台、智能机器人检测认证中心、3D打印共性技术研发平台、石墨烯科技成果转化平台与检测认证中心等平台，纳米压力发电材料、石墨烯、碳纳米管、第三代半导体材料、动力电池材料等新材料
生态环境与新能源产业	大气污染防治、水污染处理与水资源利用、海绵城市建设、海水淡化、水体治理、固废处置与资源循环利用、环境修复、高效节能、工业建筑节能、新能源及能源互联网产业板块。重点支持上述产业通过PPP、第三方治理、专业化运营服务等模式，与钢铁、电力、能源、化工、建材等传统产业合作和示范应用

类别	具体产业
现代交通产业	智能汽车与新能源汽车、智能交通、北斗与位置服务、轨道交通等领域。重点支持智能车联服务平台，智能化动态交通管理调度，营运车辆智能监管，互联信息汽车，无人驾驶汽车，基于高精度地图技术、动态交通流量分析技术的智能交通、车联网产业；无线列车自动控制系统（CBTC）及装备、电机电控系统及与轨道交通相关的技术
新兴服务业	科技服务业、创业服务业、文化创意、互联网金融、电商物流业等新兴服务业。重点支持研发设计、工程技术、技术转移、知识产权、检验检测等科技服务业；创业孵化服务平台、创业服务业；VR\AR、数字视听、移动多媒体、社交游戏、手机游戏、数字出版、数字教育等创意产业；互联网支付、网络信贷、股权众筹、互联网保险、金融创新互联网平台、网络金融大数据挖掘等互联网金融服务机构；电子商务、智慧物流、O2O、交通出行等"互联网＋"服务业

资料来源：《"十三五"期间中关村六大重点企业》，https：//www.bkztfund.com/h-nd-1488.html。

（一）技术收入增速快

2017 年实现技术收入 9369.6 亿元，占总收入比重达到 17.7%。可以看出，技术收入是中关村科技企业收入的主要来源之一。近年来，中关村技术收入的趋势如图 4-1 所示。

从图 4-1 可以看出，近年来，中关村科技企业技术收入占总收入比重在不断上升，从 2014 年的 13.4% 上升到 2017 年的 17.7%，充分说明中关村经济发展质量在不断提高。

（二）产品销售收入是主体

产品销售收入是衡量企业综合实力的核心指标之一。近年来，中关村科技企业产品销售收入增长速度较快，到 2017 年末，

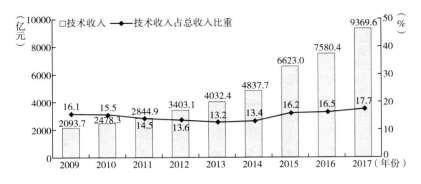

图 4 - 1　2009~2017 年中关村技术收入变化情况

资料来源：《中关村人才管理改革试验区发展报告 2018》。

产品销售收入达到近 1.6 万亿元，从 2010 年以来，产品销售收入年均增速达到 12.7%。中关村科技企业产品销售收入发展情况，如图 4 - 2 所示。

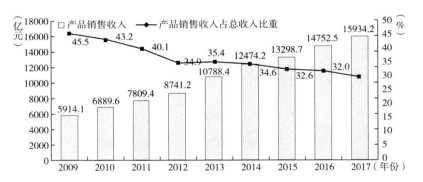

图 4 - 2　2009~2017 年中关村科技企业产品销售收入变化情况

资料来源：《中关村人才管理改革试验区发展报告 2018》。

图 4 - 2 表明，中关村科技企业产品销售收入占总收入比重在不断下降，从 2010 年的 43.2% 下降到 2017 年的 32%，下降了 11.2 个百分点。

按照主要产业领域来划分，2017 年中关村各主要产业的产品销售收入情况如表 4 - 2 所示。

表 4 - 2　2017 年中关村主要产业收入分布情况

产业领域	总收入 （亿元）	产品销售收 入（亿元）	新产品销售 收入（亿元）	出口总额 （亿美元）
电子与信息	21662.3	4836.0	1798.2	106.9
生物工程和新医药	2092.3	1241.3	277.2	10.8
新材料及应用技术	3475.4	1003.7	387.4	17.5
先进制造技术	7396.1	4200.3	1393.5	76.1
航空航天技术	961.6	513.6	116.5	7.7
现代农业技术——动植物优良新品种	322.2	191.5	75.2	6.0
新能源与高效节能技术	5481.9	2523.8	519.8	12.4
环境保护技术	1498.2	621.6	188.5	5.5
海洋工程技术	23.9	22.5	0.0	0.0
核应用技术	86.4	13.9	4.7	0.0
其他高新技术产业	10025.7	765.9	336.3	72.9
合　计	53025.8	15934.2	5097.3	315.8

资料来源：《中关村人才管理改革试验区发展报告 2018》。

从表 4 - 2 可以看出：2017 年中关村主要产业里面，依靠产品销售获得收入的平均比重为 30%，其中海洋工程技术产业占比最高，超过了 90%，占比最低的是其他高新技术产业，不到 10%；从新产品销售收入占产品销售收入比重来看，占比最高的也是其他高新技术产业，超过 40%，其次是现代农业技术、新材料及应用技术等领域，均接近 40%。

（三）产业结构趋向高级化

1. 三次产业发展情况

到 2017 年底，中关村第三产业的企业总数达到了 12219 家，比上一年增加了 194 家，占企业总数的 78.1%，比上一年略有增加。第三产业企业带来的收入近 2.2 万亿元，占全部企业收入的 61%，同比下降了近 2 个百分点，但比 2008 年提高了 5.6 个百分点。从就业人员来看，2017 年中关村全部从业人员超过 262 万人，其中，第三产业从业人员占 59%。这充分表明，中关村第三产业主导格局已经确立，产业结构正趋向高级化。

2. 重点产业发展情况

中关村科技企业主要分布在 10 个领域，这 10 个领域囊括了电子与信息、生物工程和新医药、新材料及应用技术、海洋工程技术、核应用技术等多个方面。笔者在研究时，也将这 10 大领域视为中关村重点产业着重分析。2017 年，中关村重点产业聚集了超过 90% 的企业，带来了近 80% 的收入，为社会贡献了 85% 的税收收入，解决了 86.4% 的就业人员。因此，笔者对中关村产业的考察，重点研究这 10 类产业的发展情况。

2008 年，中关村高新技术体系中，电子信息"一业独大"，占比为 56.5%。到 2017 年，格局发生了显著的变化，这一行业带来的收入占比为 40%。其他如新材料及应用技术、先进制造技术以及高效节能技术等在总收入中的比重，较 2008 年有了很大提高。

三　中关村人才资源聚集情况

（一）人力资源总量情况

截至 2017 年底，中关村科技园区企业从业人员总规模达到了 262 万人，比 2010 年增长了 1.3 倍，年均增速达到 12.4%。中关村企业从业人员数量高速增长主要有两方面原因：一是经济发展对人力资源的自然需求，二是中关村范围不断扩大引起的需求增长。中关村历年从业人员的变化趋势如图4－3所示。

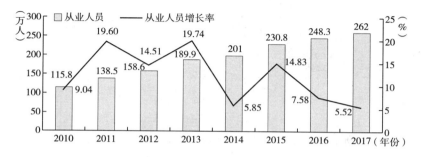

图4－3　2010～2017年中关村企业人力资源变化趋势

资料来源：《中关村人才管理改革试验区发展报告2018》。

（二）人才资源基本特征

1. 青年人才比例呈下降趋势

从中关村人力资源的年龄结构来看，2010～2017年，79.96%的从业人员在40岁以下。因此，中关村的人力资源整体上属于比较年轻的类型（见图4－4）。将年龄进一步细分来看，2017年30岁以下的从业人员占44.73%，由于中关村范围不断扩大，30岁以下的从业人员比例有所降低，在2010年时，该比例接近50%，到2017年下降了5.3个百分点。因此，中关村从业人员的年龄结构有待进一步优化，以不断提高30岁以下年轻从业人员的比例。

2. 人才学历高端化明显

按照文化程度划分，中关村的从业人员可分为接受过大专、本科、硕士研究生、博士研究生等学历教育的劳动者。2012～2017年间，受过高等教育的从业人员比例从2012年的70.02%上

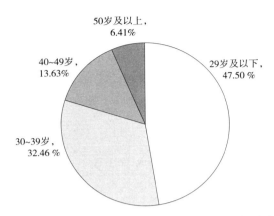

图 4 - 4   2010～2017 年中关村从业人员平均年龄结构

资料来源:《中关村人才管理改革试验区发展报告 2018》。

升到 2017 年的 72.74%，增加了 2.72 个百分点；受过本科及以上教育从业人员增加了约 1.13 个百分点，2017 年超过了 100 万人，也就是说中关村一半的从业人员接受过本科及以上教育。具有硕士及以上学历的从业人员超过 20 万人，占从业人员比重基本维持在 10.84% 左右。从增长速度看，2010 年到 2017 年间，具有博士学位的从业人员年均增速达到了 13.5%，2017 年末总量达到了近 2 万人。到 2017 年底，各类受教育程度的从业人员所占全部从业人员的比例，如图 4 - 5 所示。

3. 人才国际化步伐加快

中关村是海外人才的聚焦之地，企业人力资源中留学人员占比较高。从总规模来看，2017 年底，聚集在中关村具有海外留学背景的留学归国人才总量首次超过 2 万名。其中：具有博士学位的有 2237 人，占博士总数的 11.31%，也就是说，中关村每 10 名博士中，就有 1 名是从海外留学归来的；具有硕士学位的有 14363 名，占硕士总数的 7.25%。从增长速度看，2010～2017

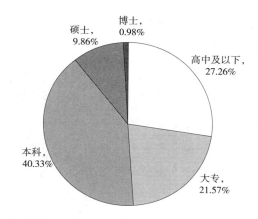

图 4-5　2017 年中关村各类从业人员受教育程度

资料来源：《中关村人才管理改革试验区发展报告 2018》。

年，海外留学归国人员年均增速达 22.01%，中关村具有海外留学背景的从业人员密度较高，中关村是海外留学人员回国创新创业的主要选择之地。

4. 理工科人才加速增长

由于中关村主要集聚的是科技型企业，具有理工科背景的从业人员对科技企业发展十分关键。据统计，到 2017 年底，中关村企业人才中，理工类本科及以上的从业人员近 74 万人，正是这些人才支撑着中关村科技企业的高速发展。同时，工程技术人才是中关村科技创新的骨干力量。到 2017 年底，中关村企业工程技术人才总量达 57.27 万名，占从业人员的 28.49%，说明中关村每 10 名从业人员中，就有近 3 名是工程技术人才。从增长速度看，2017 年工程技术人才是 2004 年的 5.7 倍，在各类人才中增长速度最快。

5. 人才来源较为广泛

一是引进海外人才。为打造具有全球影响力的科技创新中心，中关村广聚天下英才，吸引国内外高层次人才创新创业。截至 2017 年底，在中关村企业工作的港澳台和外籍人才有 7126 人，占全部从业人员近 0.27%，其中，外籍专家人才有 2500 多人。2010 ~ 2017 年，港澳台和外籍人才存量波动下降，2017 年比 2010 年绝对数增加了 197 人，但比 2016 年减少了 2653 人，占比降低了 0.12 个百分点，外籍专家人才绝对数减少了 200 多人。二是吸引京外人才。在吸引内地人才方面，2017 年中关村没有北京户籍的人才存量达到 147 万人，也就是说，在中关村企业工作的人才，56.11% 的户籍都在京外，实际北京户籍拥有率仅为 43.89%，低于全市平均水平接近 20 个百分点。三是招聘应届毕业人才。在引进高等院校应届毕业生方面，2013 ~ 2017 年，中关村平均每年引进数量超过 7 万人，2014 年达到历史高峰，共引进 7.55 万人。引进的高等院校应届毕业生，70% 左右毕业于京外，30% 左右毕业于京内高等院校。近年来，进入中关村的应届毕业生，京内高校毕业的占比逐渐下降，2017 年下降到 28.25%（见表 4 - 3），估计今后还会进一步降低。

表 4 - 3　2010 ~ 2017 年中关村人才来源基本情况

人才情况	2010	2011	2012	2013	2014	2015	2016	2017
港澳台和外籍人员（人）	6929	8991	7670	10699	7754	8533	9779	7126
港澳台和外籍人员占全部从业人员比例（%）	0.60	0.65	0.48	0.56	0.39	0.37	0.39	0.27
中关村企业从业人员北京户籍拥有率（%）	45.15	45.23	45.99	45.12	40.04	41.34	42.23	43.89
全市常住人口北京户籍拥有率（%）	64.08	63.23	62.61	62.04	61.97	61.98	62.72	62.62

人才情况	2010	2011	2012	2013	2014	2015	2016	2017
吸纳高校毕业生（人）	51159	58491	67121	73022	75521	65790	66508	73289
毕业于京内高校的应届毕业生比例（%）	31.33	32.51	30.66	29.46	28.84	29.55	28.34	28.25

资料来源：《中关村人才管理改革试验区发展报告 2018》。

四　中关村产业与人才资源匹配情况

为研究中关村产业与人才的关系，本书使用产业与人才的匹配度来表示。匹配度又被称为"偏离度"，使用产业产值结构与其人才结构的比值减去 1 来表示，这是国内研究产业与人才匹配度的主流做法。具体公式如下：

产业与人才偏离度指数 =（产业产值构成比/产业从业人员构成比）- 1

具体解释：如果中关村某一产业的结构与其人才结构完全匹配，则偏离指数刚好为 0，说明产业结构与人才结构匹配度最高，已达到最为理想的状态。如果偏离度指数不为零，绝对值越小，说明产业结构与人才结构偏离度越小，匹配程度也就越高。反之，如果绝对值越大，则说明二者之间的偏离度越大，相互匹配的程度越低。

从偏离度指数的正负看：当偏离度指数为正数时，说明产业产值比例大于人才比例，该产业的人才已出现"短缺"；如果偏离度指数为负数，说明产业产值比例小于人才比例，人才出现过剩。

下面，本书从中关村重点产业、主要领域两个角度来研究产业与人才的匹配程度。由于体现人才产出的数据主要是各产业、重点领域的收入数据，缺乏产值数据，所以，在测算偏离度指数时，使用收入数据来替代产值数据。在数据年份方面，本书通过各种途径，获得了中关村 2014 年经济、人才全面数据。因此，本部分在做匹配度测算方面，年份数据是指 2014 年度的数据。

（一）主要产业与人才的匹配度

1. 三次产业与人才的匹配度

根据产业人才偏离度指数计算公式，本书测算出中关村第一、二、三产业与人才的偏离度指数，详见表 4 - 4。

表 4 - 4   2014 年中关村三次产业与人才的偏离度指数

项目	单位	第一产业	第二产业	第三产业
收入	亿元	20.66	14153.76	21883.15
收入比例	%	0.06	39.25	60.69
从业人员	万人	0.39	82.30	118.30
从业人员比例	%	0.19	40.96	58.85
偏离度指数	—	- 0.70	- 0.04	0.03
偏离度贡献率	%	90.62	5.36	4.02
结果判断	—	过剩	过剩	短缺

资料来源：《中关村人才管理改革试验区发展报告 2018》。

从表 4 - 4 得知，中关村第一产业收入占比为 0.06%，第二产业为 39.25%，第三产业为 60.69%。从就业人员看，三次产业就业人员占比分别为 0.19%、40.96%、58.85%。因此，按照产业与人才偏离指数测算方法，三次产业的偏离度指数分别为 - 0.70、- 0.04、0.03，偏离度指数绝对值之和为 0.77。其中，第一产业偏离度贡献率达到 90.62%，第二、三产业分别为 5.36%、4.02%。由此可以得到以下两个结论。

第一，总体上讲，中关村产业与人才的匹配度较高，也就是说，从数量上看，中关村已有的从业人员规模基本能满足产业发展的现实需要。因为三次产业总偏离度指数绝对值之和为 0.77，第一产业的偏离度贡献率最高，超过了 90%，而经济体量、从业人员均占绝大部分的第二、三产业，其偏离度贡献率不到 10%，说明中关村第二、三产业与人才在规模上是相互适应的，匹配度较高。

第二，第一产业有着过多的人才，第二产业略微过剩，第三产业人才稍微短缺。因为第一产业的偏离度指数为 -0.70，而第二、三产业偏离度指数分别为 -0.04、0.03，说明第二、三产业的偏离度指数较小，相应的匹配程度较高。

2. 细分产业与人才的匹配度

从细分产业看，中关村共有 11 类细分产业，对每一类产业与人才结构的偏离度指数进行测算，结果见表 4 - 5。

表 4 - 5　2014 年中关村细分产业与人才的偏离度指数

产业领域	总收入（亿元）	收入占比（%）	从业人员（万人）	从业人员占比（%）	偏离度指数	偏离度贡献率（%）	结果判断
农业	20.66	0.06	3885	0.19	-0.70	0.70	过剩
工业	10187.29	28.25	711596	35.39	-0.20	0.20	过剩
建筑业	3966.47	11.00	111798	5.56	0.98	0.98	短缺
批发、零售业和住宿餐饮业	9274.63	25.72	132527	6.59	2.90	2.90	短缺
交通运输、仓储和邮政业	854.35	2.37	41258	2.05	0.15	0.15	短缺
信息传输、软件和信息技术服务业	4738.43	13.14	590711	29.38	-0.55	0.55	过剩

产业领域	总收入 （亿元）	各产业 占比 （%）	从业 人员 （万人）	各产业 占比 （%）	偏离度 指数	偏离度 贡献率 （%）	结果 判断
金融业	275.29	0.76	15716	0.78	-0.02	0.02	过剩
房地产开发经营	92.53	0.26	2190	0.11	1.36	1.36	短缺
其他服务业	361.37	1.00	41908	2.08	-0.52	0.52	过剩
租赁和商务服务业	2169.03	6.02	65274	3.25	0.85	0.85	短缺
科学研究和技术服务业	4117.52	11.42	293585	14.60	-0.22	0.22	过剩
总　和	36057.57	100.00	2010448	100.00	—	8.45	—

资料来源：《中关村人才管理改革试验区发展报告 2018》。

从测算结果看，出现人才资源总量过剩的主要是农业、工业、信息与服务产业等；出现人才资源短缺的重点为建筑、批发、交通与商务服务业等，金融业的偏离度几乎为 0，说明该行业产业与人才刚好匹配。

以上分析可以得出一个基本结论：中关村相对低端的产业，从业人员总量不足；相对高端的产业，从业人员总量出现过剩。这充分表明，中关村高端产业对人才的吸引力较强，人才资源供给比较充足，而低端产业对人才吸引力较弱，这些产业目前存在"招工难"的现象。

（二）主要领域人才匹配度

中关村经济社会发展，主要有 10 大领域。对各领域内人才资源的匹配度进行测算，显得十分重要。测算结果见表 4-6。

从中关村 10 大重点领域看，人才偏离度指数绝对值均保持在 0.55 及以内，说明人才资源过剩或短缺的程度并不大，没有出现严重过剩或短缺的现象（见图 4-6）。

表 4 - 6　2014 年中关村主要领域人才偏离度指数

产业领域	总收入（亿元）	收入占比（%）	从业人员（万人）	从业人员占比（%）	偏离度指数	偏离度贡献率（%）
电子与信息	13501.86	37.45	91.24	45.38	- 0.17	4.78
生物工程和新医药	1430.76	3.97	12.12	6.03	- 0.34	9.34
新材料及应用技术	3043.18	8.44	12.36	6.15	0.37	10.19
先进制造技术	4591.17	12.73	26.54	13.20	- 0.04	0.97
航空航天技术	486.94	1.35	4.23	2.11	- 0.36	9.80
现代农业技术——动植物优良新品种	259.94	0.72	2.46	1.22	- 0.41	11.22
新能源与高效节能技术	4382.07	12.15	18.32	9.11	0.33	9.12
环境保护技术	874.41	2.43	5.20	2.59	- 0.06	1.70
海洋工程技术	27.84	0.08	0.32	0.16	- 0.51	13.99
核应用技术	77.20	0.21	0.95	0.47	- 0.55	15.02
其他高新技术产业	7382.20	20.47	27.30	13.58	0.51	13.88
总　　和	36057.57	100.00	201.04	100.00	—	100.00

资料来源：《中关村人才管理改革试验区发展报告 2018》。

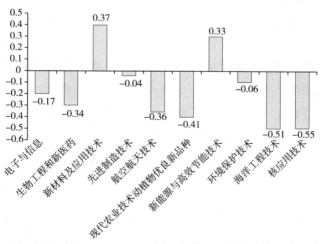

图 4 - 6　中关村 10 大重点领域人才偏离度指数示意

资料来源：《中关村人才管理改革试验区发展报告 2018》。

具体看，人才资源总量过剩的领域主要有电子与信息、生物工程和新医药、先进制造技术、航空航天技术、现代农业技术动植物优良新品种、环境保护技术、海洋工程技术、核应用技术 8 大领域，而新材料及应用技术、新能源与高效节能技术等领域人才资源出现短缺。这种现象表明，中关村传统的高技术领域人才资源总体上出现过剩，而新兴领域人才资源总体上短缺。

第三节

人力资本与中关村经济发展
关系空间计量研究

一 具体模型及其实现方法

（一）空间计量经济学

空间计量经济学创造性地处理了经典计量方法在面对空间数据时的缺陷，考察了数据在地理观测值之间的关联。近年来，在人文社会科学空间转向的大背景下，空间计量已成为空间综合人文学和社会科学研究的基础理论与方法，尤其在区域经济、房地产、环境、人口、旅游、地理、政治等领域，空间计量成为开展定量研究的必备技能。

该学科作为计量经济学体系的关键分支之一，可借此来计算回归模型方面的各类截面数据和面板数据所产生的特殊交互效果（也可以称作依赖性）与空间结构（也可称作异质性）。其基础思路源自地理学第一定律："各种事物都有着一定的相关关系，其中的相关性和事物的空间距离存在关系，距离较近的事物会比更远的事物有着更高的相关性。"这一效应也被称为空间效应，可划分为下述两类。

1. 空间依赖性（Spatial dependence）

空间依赖性（也叫空间自相关性）是空间效应识别的第一个来源，它产生于空间组织观测单元之间缺乏依赖性的考察。真实空间依赖性反映现实中存在的空间交互作用（Spatial Inter-action Effects），比如区域经济要素的流动、创新的扩散、技术溢出等，它们是区域间经济或创新差异演变过程中的真实成分，是确确实实存在的空间交互影响，如劳动力、资本流动等耦合形成的经济行为在空间上相互影响、相互作用，研发的投入产出行为及政策在地理空间上的示范作用和激励效应。干扰空间依赖性可能来源于测量问题，比如区域经济发展过程研究中的空间模式与观测单元之间边界的不匹配，造成了相邻地理空间单元出现了测量误差。测量误差是由于在调查过程中，数据的采集与空间中的单位有关，如数据一般是按照省、市、县等行政区划统计的，这种假设的空间单位与研究问题的实际边界可能不一致，这样就很容易产生测量误差。空间依赖不仅意味着空间上的观测值缺乏独立性，而且意味着潜在于这种空间相关中的数据结构，也就是说空间相关的强度及模式由绝对位置（格局）和相对位置（距离）共同决定。空间相关性表现出的空间效应可以用以下两种模型来表征和刻画：当模型的误差项在空间上相关时，即为空间误差模型；当变量间的空间依赖性对模型显得非常关键而导致了空间相关时，即为空间滞后模型。

2. 空间异质性 (Spatial heterogeneity)

空间异质性（空间差异性），是空间计量学模型识别的第二个来源。空间异质性或空间差异性，指地理空间上的区域缺乏均质性，存在发达地区和落后地区、中心（核心）和外围（边缘）地区等经济地理结构，从而导致经济社会发展和创新行为存在较大的空间上的差异性。空间异质性反映了经济实践中的空间观测单元之间经济行为（如增长或创新）关系的一种普遍存在的不稳定性。区域创新的企业、大学、研究机构等主体在研发行为上存在不可忽视的个体差异，譬如研发投入的差异导致产出的技术知识的差异，这种创新主体的异质性与技术知识异质性的耦合将导致创新行为在地理空间上具有显著的异质性差异，进而可能存在创新在地理空间上的相互依赖现象或者创新的局域俱乐部集团。对于空间异质性，只要将空间单元的特性考虑进去，大多可以用经典的计量经济学方法进行估计。但是当空间异质性与空间相关性同时存在时，经典的计量经济学估计方法不再有效，而且在这种情况下，问题变得异常复杂，区分空间异质性与空间相关性比较困难。空间变系数的地理加权回归模型（Geographical Weighted Regression）是处理空间异质性的一种良好的估计方法。

(二) 空间计量经济模型的构建

此类模型的类别较为丰富，参考分析的需求和对当前文献的考量，加入空间变量的重点目的为考核经济体在单元方面的依赖性（或自相关性），而并不是关注异质性构成的综合影响效应，也就是假定空间因素对经济活动不产生任何影响。所以，本书针对空间计量模型展开初步分析。在构建模型前，要求确认基本的权重矩阵。

1. 空间权重矩阵的构建方法

对于空间计量经济学的分析成果来说，空间权重矩阵描绘多种节点的关系，代表着空间系统的基础性能，能够借此来判断系统各个单元的地位与作用。该矩阵即为判断特定时点的参数和判断回归过程相关联的矩阵，以此作为构建模型的基础变量。在一般情形中，权重矩阵设置的基础是单元的距离或相邻性。

若是存在 n 个区域，空间权重矩阵可以确定成 $n \times n$ 维矩阵，假定矩阵通过 W 的方式进行表述，那么 W_{ij} 能够表述 W 内部的各个元素，为有效控制区域间所存在的外部影响问题，要求针对 W 开展对应的标准化转化工作：

$$W = \begin{cases} 0 & \cdots & w_{1n} \\ \vdots & & \\ w_{m1} & \cdots & 0 \end{cases} \qquad (4-1)$$

矩阵的设定会直接影响估计结果的可靠性，所以要求将地理空间或者是经济关联计算到矩阵设置的过程之中，借此来确保矩阵设定可以有着符合要求的正确性。一般情形中，矩阵构建方案遵照区域的邻近或者是相关的距离标准。前一种方法主要分为临近矩阵和 K 值临近空间矩阵。后一种方法主要是以距离作为基础的空间矩阵、距离衰减矩阵和经济距离矩阵。

临近矩阵代表着参考区域的邻近与否，着手建立配套的空间权重矩阵。若是其中的区域 i 与 j 之间相互邻接，那么 $W_{ij} = 1$，否则，$W_{ij} = 0$。K 值临近矩阵作为进一步的发展与补充。计算地理单元面积存在显著区别，会导致大的单元极少邻近单元，偏小的单元有着较为丰富的临近单元，因此在分析的过程中选定运用 K 值临近矩阵的方案进行处理。

以距离作为基础的空间矩阵和周边矩阵的构建方案较为接近，若是区域 i 与 j 在距离 d 值的区间中，那么 $W_{ij} = 1$，否则，$W_{ij} = 0$。地区对矩阵结果影响力的衰减与地区之间的地理距离成反比，若是 $i \neq j$，那么对应的 $W_{ij} = 1/d_{ij}$，否则 $W_{ij} = 0$。基于前述数据可得出，地区之间的距离相对更近，就会提供相对偏大的权重数值，否则会提供偏小的权重。经济距离矩阵为参考区域间的经济发展近似状况、资本流动与贸易流动等基本的标准开展权重的分析活动。

2. 空间计量经济模型

在该领域的分析中，重点为空间自回归模型（Spatial Autoregressive Model，SAM）与空间误差模型（spatial error model，SEM）。SAM 也可称作空间滞后模型，可以借此来描述变量的扩散或者是溢出的效果。此次采用因变量 y 作为基本的案例和权重矩阵的乘积 Wy 称作基本的滞后因变量，从而让这个模型的释义变量表达邻近区域的因变量对区域范围内观测参数形成的空间影响效应。可以将模型表述成：

$$y = X\beta + \rho Wy + \varepsilon \qquad (4-2)$$

在公式中，y 作为其中的因变量；X 则为各个区域伴随时间变动的更多外生解释变量矩阵，有助于阐述 y 的变化；W 作为分析过程中的空间权重矩阵，ρ 作为分析中的自回归系数，ε 作为分析中的误差项。Wy 作为滞后因变量，相当于邻近空间单元中因变量的空间加权平均值。

在依赖性产生于误差项的情况下，要求通过误差模型开展分析，以更好地度量周边区域的误差冲击对于区域范围内观测参数构成的影响。因此能够具体地表述成：

$$y = X\beta + \varepsilon$$

$$\varepsilon = \lambda W\varepsilon + u$$

(4－3)

在公式中，ε 代表空间随机误差项，λ 表示空间误差系数，u 表示空间依赖误差项。并未考虑误差项的计算方式，或许会导致最终的结果存在一定的偏差，进一步产生错误结论。

（三）模型的估计与检验

由于空间作用的影响，通过最小二乘法（OLS）对两类模型的估计都会产生有偏与无效等问题。所以一般会运用 ML 法或 GMM 法来开展估计。探讨详细问题的过程中，是否运用模型要求先判断数据的空间相关性。该操作一般情况下会依靠 Moran I 检验、拉格朗日参数值等来处理。明确应当采用的模型，Anselin[1] 在分析中提出，若是空间滞后的各个参数值（LMLAG）较空间误差的 LMERR 显著性水平高，滞后的稳健性（R－LMLAG）显著，误差的 R－LMERR 不显著，该环境中可采用滞后的模型。反之则更加适宜运用空间误差模型。

二　人力资本要素的空间溢出与中关村经济增长

通常而言，空间数据分析应当涵盖下述的程序与内容。首先通过对数据开展空间分析从而实现直观的表述，借此来更好地认知基本的空间分布特性、选定符合要求的空间持续开展对应的分析工作；其次运用分析模型针对经典理论模型开展针对性的修正

---

① Anselin, Luc., "Spatial Econometrics: Methods and Models," *Journal of the American Statistical Association* 85 (1988).

工作；最终依靠 Moran 法检验、极大似然 LM - Error 检验以及极大似然 LM - Lag 检验对结果展开估计工作。本书以该思路作为基础，开展相应的探索性空间数据分析。

该分析的目的为明确自相关性。分析重点依靠两类工具来实现：其一，描述空间数据的分布特征，可称作全局空间自相关检验；其二，分析空间数据在局部的分布特征，可称作局部空间自相关检验。

（一）全局空间自相关检验

整体系统内部的邻近地区间，有关特定属性的空间相关性，一般情况下依靠分析 Moran's I 的方式来实现。基本的分析公式为：

$$I = \frac{n \sum\limits_{i=1}^{n} \sum\limits_{j=1}^{n} W_{ij}(X_i - \bar{x})(X_j - \bar{X})}{n \sum\limits_{i=1}^{n} \sum\limits_{j=1}^{n} W_{ij} \sum\limits_{i=1}^{n}(X_i - \bar{X})^2} \qquad (4-4)$$

在公式中，X_i 作为第 i 个区域的具体观察参数，W_{ij} 代表权重矩阵内部 i 行 j 列的具体元素。Moran's I 的具体取值区间为 [- 1, 1]，Moran' I 指数明显超过了 0，代表各个区域的观察参数有着显著的空间正相关，参数相对更高，对应的正相关程度也会相对更强；反过来，就代表着各个区域的观察参数有着一定的空间负相关。

国内当前的文献，在分析 Moran's I 的过程中，多数为参考邻近标准来设定具体的权重矩阵，详细的计算公式是：

$$w_{ij} = \begin{cases} 1 & \text{地区 } i \text{ 与地区 } j \text{ 相邻} \\ 0 & \text{地区 } i \text{ 与地区 } j \text{ 不相邻} \end{cases}$$

表 4 - 7　2017 年中关村各园区收入与受教育状况

区域	从业人员（人）	总收入（亿元）	人均收入（万元）	人均 GDP 对数	平均受教育年限（年）
东城园	81189	2336.4	287.77	2.4590	12.37184
西城园	107701	2877.2	267.15	2.4268	12.98237
朝阳园	232124	5538.9	238.62	2.3777	12.46457
丰台园	197232	5104.4	258.80	2.4130	12.17906
石景山园	90919	2139.5	235.32	2.3717	12.16958
海淀园	1193564	21610.0	181.05	2.2578	13.9901
门头沟园	18265	219.3	120.04	2.0793	11.16571
房山园	34760	364.1	104.75	2.0202	11.17247
通州园	49034	799.7	163.09	2.2124	12.75925
顺义园	100362	1256.0	125.15	2.0974	12.20242
昌平园	165581	3954.0	238.80	2.3780	13.25346
大兴园	47134	650.0	137.91	2.1396	12.04889
怀柔园	31806	639.1	200.92	2.3030	11.28654
平谷园	17495	134.5	76.87	1.8857	10.66712
密云园	23174	269.4	116.23	2.0653	10.39428
延庆园	7476	107.1	143.25	2.1561	10.23578

资料来源：中关村官网及北京市 2017 年 1% 人口抽样调查数据。

根据表 4 - 7 中中关村各园区人均收入等信息，结合公式（4 - 4）可分析获得 2017 年两个指标的 Moran's I 指数值，分析信息如表 4 - 8 所示，可发现 2017 年的数据有着显著的空间相关关系（临界值为 1.96），这说明中关村人力资本和收入参数表现为非随机的空间分布，也就是偏高的人力资本区域之间产生邻接，反过来也是相同的，所以在分析的过程中，需要充分关注空间因素构成的影响。

表 4 - 8　2017 年中关村人均收入对数与人力资本的 Moran 指数 I 值

年份	Moran's I（人力资本）	Moran's I（人均收入对数）
2017	0.221033	0.220988

资料来源：本表的数据为通过 GeoDa 软件计算获得。

（二） 局部空间自相关检验

全局性 Moran's I 指数值，尽管可以验证 2017 年的人均收入和人力资本的显著空间自相关，但是未能观察详细的空间集聚信息。这要求依靠自相关检验的方式来解决，这可通过 Moran's I 散点图的方式来解决需求。图 4－7 与图 4－8，重点描绘中关村 2017 年各个园区的人力资本与人均收入 Moran 散点图的信息。基于该信息能够发现，大部分区域聚集于第一与第三象限，代表着两方面的参数有着空间层面较为聚集的特征。第一象限（HH）代表着高人均收入水平（人力资本）区域之间较为邻近，重点为东城园区、西城园区、朝阳园区和海淀园区等地区；第三象限（LL）代表着低指标的区域也有着较为邻近的特征，重点为房山园区和怀柔园区等区域。

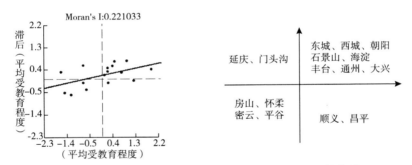

图 4－7　中关村各园区人均受教育水平的 Moran I 散点图

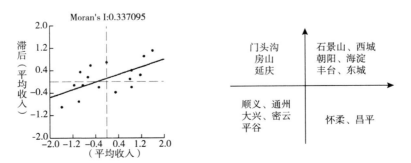

图 4－8　中关村各园区人均收入对数的 Moran I 散点图

　　图 4 - 9 表示了中关村各园区人力资本与其经济发展之间的关系，可发现两个因素间存在明显的相关关系，并且地区经济存在一定的差距，而人力资本之间存在较为显著的集聚现象。

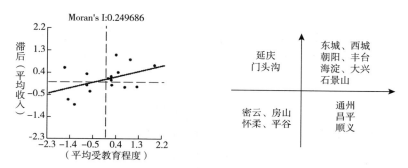

图 4 - 9　中关村各园区人力资本存量和人均产值的相互关系[①]

第四节

中关村人力资本聚集机制

一　对海外人才的吸引政策

（一）大力引进高层次华人华侨

　　北京作为首都，是新侨人才归国创业的首选区域之一。2009年 3 月，中关村升级为自主创新示范区，之后北京市政府不断加速核心区的构建工作。而且中关村科技园区也有着中央授予的"海外高层次人才创新创业基地"称号。依托于多方面的政策与资源优势，中关村演变为北京创新的重要标志，也是新侨创业体

---

　　① 　$R^2 = 0.456074$，$p = 0.004$。

系的关键聚集地，当前归国留学人员创业园有 34 家，重点有大概 1.8 万名归国新侨，实际创办公司超过 6000 家，是我国归国新侨创业最为密集的区域，也成为后续中关村建设的主要推动力量。参考中关村指数（2017），中关村有北京海外人才聚集工程人才 368 名，在北京总量的占比超过了 70%，高聚工程有 158 名高端新侨进入其中，海外高素质华人对中关村园区的建设提供了巨大的帮助。

此外，自 2016 年 3 月 1 日起，北京试点实施了 20 项便利外籍人才到京签证、入境出境、停留居留等方面的出入境政策措施，鼓励更多外籍高层次人才、外籍华人、创业团队外籍成员和外籍青年学生等到京开展创新创业活动，其中 10 项为中关村首创，目的是聚集更多海外高层次人才和创新创业人才共同参与中关村具有全球影响力的科技创新中心的建设。为了吸引更多的华人华侨，中关村制定了十分详细的优惠政策。

第一，为到中关村创新创业的外籍高层次人才开通申办永久居留直通车。对符合认定标准的外籍高层次人才及其配偶、未成年子女，如 Quacquarelli Symonds、The Times 等高校排名榜单发布的年度世界大学排名前 200 名高校的现职正、副教授及以上榜单发布的世界大学排名第 201 名至第 500 名高校的现职正教授，在美国《财富》《福布斯》杂志近 3 年公布的世界 500 强企业总部任总监及以上职务的人才等，经北京中关村管委会推荐，可直接申请在华永久居留资格。同时加快审批进程，自受理后 50 个工作日内完成审批（之前规定是 180 个工作日）。

第二，为到中关村创新创业的外籍华人提供长期居留和永久居留突破性政策便利。在中关村创业的外籍华人可凭工作许可和雇主担保函件直接申请 5 年有效的工作类居留许可，也可凭创业计划直接申请 5 年有效的私人事务类居留许可（加注"创业"）。外籍华人具有博士研究生以上学历或在中关村企业连续工作满 4 年、每年在中国境内实际居住累计不少于 6 个月，可以直接申请在华永久居留。

第三，为到中关村创业的团队外籍成员和创新的外籍技术人才入境居留提供便利并建立永久居留积分评估制度。提前办妥工作许可证明的，可在抵达口岸申请工作签证入境；入境后直接申请 5 年有效的工作类居留许可；来不及办理工作许可证明的，可申请人才签证入境，入境后申请 5 年有效的私人事务类居留许可（加注"创业"）。此外，根据中关村外籍人才积分评估标准可进行评分，达到 70 分及以上的，可以申请在华永久居留。

第四，为外籍青年学生到中关村企业实习打通申办渠道。对中关村企业邀请前来实习的境外高校外国学生，可申请短期私人事务签证（加注"实习"）入境进行实习活动；持其他种类签证入境的，也可在境内申请变更为短期私人事务签证（加注"实习"）进行实习活动。

（二）全面深化出入境管理改革，为外籍人才提供更大便利

公安部从 2016 年 3 月 1 日起在中关村实施 10 项新的出入境政策，进一步简化了外籍高端人才申请永久居留资格的办理程序，将审批进程缩短至 50 个工作日内完成。

中关村采取多种方法提升这 10 项政策的实际效果，重点表现为下面三点。

其一，简化程序。新政从最初阶段的六部门联合的方式，简化为两个部门的审批程序，这使得审批流程的耗时大幅减少，审

批的效率显著增强。先前的绿卡申请与发放，通过用人单位的申请，随后转由管委会、人社局、人社部的逐级审批程序，再通过外专局的审核与转发，最终归入公安部、下发公安局开展处理，这一流程过于复杂。而在新政正式颁行后，简化为单位发出审批，随后管委会对相关资料进行审核，直接转发到公安部建立的对口单位负责处理，实现了处理流程的大幅压缩。

其二，优化服务。针对新政构建配套的咨询电话，对现有的出入境问题提供专项解答等措施；依靠动漫、微信等多种宣传渠道介绍现有的新政规范，并且公开多方面的文档资料，便捷外籍人才的查看与业务处理；通过中关村网站新增出入境政策栏目，基于申请者的角度，对咨询环节中较为多见的各类问题提供详细的解释。为明确人才的判断标准，拟定《中关村外籍高层次人才认定标准》等多个文件，对各项政策制作详细的办理须知。而且每季度也对归入新增覆盖范围的 2 万多家公司的名录开展申请，确保各项需求能够得到有效处理。除此之外，还专时专用以沟通实施环节中的各个重点难点问题，整理多方面的实施效果，跟进最新的流程与环节，保障各方面措施的有效落实。

其三，提高效率。设置中关村外国人永久居留服务大厅，可以处理关于临时与永久居留的各项审核工作，一站式整合处理咨询、证件发放等多项业务。该举措有助于用人单位在相同的地方为多种人才统一、便捷地办理证件，诸如可以通过大厅为高管、实习等多种级别的外籍人才提供居留办理业务，并不需要多头处理与申请，有效提升了整体的办事效率。而且新政的颁行有助于加速审批，从最初的 180 个工作日缩减至 50 个工作日，解决多方面的审批需求。

截至 2016 年底，出入境新政正式颁行的 9 个月时间中，中关村管委会为各类公司、院校与科研机构的 263 名外籍人才，提供配套的推荐函，这使得 218 人获得绿卡直通车，108 人得到绿卡（2004 年至 2015 年底，年均发放数量不足 200 张），为 20 人提供居留许可推荐函，同时也发放了大量其他证明文书，可以满足多种外籍人才的不同需求。

此类人才有过半数（135 人，51.33%）获得了美国国籍，华裔成为核心构成（209 位华裔，比例为 79.47%）。基于实际的从业领域来分析。首先，大部分可以归入科技服务体系，总数量为 155 人，实际的比例是 58.94%；其次，网络与信息服务，总数量为 61 人，实际的比例是 23.19%；再次为健康医疗，实际的数量为 38 人，对应的占比是 14.45%；最后为文教领域，整体数量为 9 人，比例为 3.42%。总计 30.42%（80 人）入选人才工程。

中关村新政在正式颁行后，取得了较为理想的效果。其一，存留了大量的高端人才加入创新中心的建设工作中。联想与百度等多家大型公司，为聘任的上百位高端人才提供永久居留的福利，解决了此类人才在工作与生活等多个方面的需求与疑虑。其二，存留数量更多的人才参与创业活动。类似于泛生子公司的某高管，之前在强生与巴德等多个知名企业就职高管，通过相关渠道了解到中关村的新政策后，进入泛生子公司。其三，发现全球大量的优秀青年。新政容许境外高校的学员前往中关村进行实习活动，这便捷了入驻中关村的公司获得全球优秀青年人才，联想与通铭等多家公司就依靠该政策聘任了 21 名来自加州大学等知名院校的在校生前往公司实习。

（三）大力开发国外高端智力要素，建设国际人才高地

其一，发展与境外机构的合作。《关于深化中关村人才管理

改革的若干措施》明确指出，新时代的发展过程中，应当积极开发境外的高端智力元素，在该领域的发展过程中，中关村不断开发最新的资源优势。2016 年 5 月，中关村硅谷创新中心正式建立，有助于公司进入全球市场。通过进入芬兰与以色列等国家发展创新平台，实现良好的投融资配合，加速最新技术的国际转移转化进程。发展到 2016 年底，中关村和硅谷等接近 20 个区域构建起更加理想的合作机制，很多成长型公司或细分领域的冠军公司也积极发展全球化业务，新时代公司在国际化方面也有着显著的发展。

其二，支持创业服务机构开展全球化布局，实现国内外资源的有效配合。有效开发海外分支机构，或者是形成良好的合作体系，进行相关的跨境孵化。将美国、德国等多个国家的项目整合到中关村，致力于探索项目的落地与发展。师林孵化器和 Trendlines Group 之间形成合作，协助优秀项目在中国的发展，选择我国的优秀项目加速其在境外的发展。36 氪同芬兰的 Slush 和 Startup Sauna、硅谷的 UstartX 和 NewGen、英国的 SILK Ventures 构建合作联系，深入开发欧洲的优质项目。并且将境外机构引入中关村，实现国内外最新资源的有效整合，诸如美国 Plug & Play 就进入中关村，海航对 Rocket Space 加速器投资 3.36 亿美元发展合资业务，美国 500 Startups、Runway 等也加速于对中关村的各项投资，英国 Barclay、Seed Camp 也形成了各项合作意向。此类机构在陆续进入中关村的过程中，也将境外的资源深度整合到中关村，有助中关村呈现更好的发展效果。

其三，助力联盟发展后续的品牌活动，开展产业分析，构建新的服务平台。联合多方面的力量构建全球储能数据库平台，构建新的国际创新资源服务平台等。米兰大学与韩国科学院等构建新的转移平台；蓝创于 2016 年 7 月与美国 Blue Sky Innovations 及 L. L. C 公司订立基本的战略协议，为联盟在北美设立新办事处，配合会员在境外推进多方面的项目对接与孵化工作，协助参与其中的公司更好地"走出去"。资料显示，截至 2016 年底，相对活跃的技术联盟数量为 160 余家。2014～2015 年，在服务产业体系上，建立的国际标准数量为 19 项、国内标准数量为 54 项，构建新的平台 146 个，投融资平台 54 个；在公司服务方面，推进特色品牌数量为 261 场，推进配套的国际化活动数量为 49 场；在民生服务方面，协同承担相应的重要项目 82 项，加入重大项目 111 项；在服务政府方面，开展了 308 项分析工作，拟定配套的产业发展计划以及详细的路线设计 12 个，提供了 141 个配套的研究报告。

其四，积极发展各个类别的人才项目，进行相关的推荐活动。根据"海聚工程"等人才项目的通知精神，积极联系符合要求的高端人才与创新团队进行申报。并为未纳入工程的人才构建配套的数据库，鼓励其申报市级别的各个人才项目。对高端人才，鼓励其进入高聚工程。2016 年新筛选高聚工程人才 53 人。截至 2016 年底，中关村高聚工程成功开展 9 批次遴选活动，最终确认高端人才 292 人（团队），覆盖新一代信息与生物技术等多个新产业领域，开创了中关村高端引领、带动全局的良好局面。

二　创业人才政策

作为我国第一个人才管理改革试验区，中关村在推进体制机制改革和政策先行先试方面，做出了很多尝试。

首先，在人才政策创新上不断先行先试。一是在人才激励方面，围绕成果转化、股权激励、税收等关键环节，推出"1＋6""新四条""新新四条"等先行先试政策，把科技成果使用权、处置权和收益权赋予项目承担单位，对科技成果主要完成人实行股权和分红激励，并给予分期纳税或取得收益再纳税的优惠政策，推动出台"京校十条""京科九条"等市级落实政策，在制度上打破制约科技成果转化的瓶颈，在收益分配上有效激发了科技人员成果转化的积极性。这些政策已推广到全国，不少经验被纳入2015年全国人大审议通过的《中华人民共和国促进科技成果转化法》，在法律上为科技人员转化成果获得收益提供了有力保障。二是在人才评价方面，打破职称、学历和任职年限等限制，率先实施"中关村高端领军人才教授级高工职称评审直通车"政策，建立了以业绩和能力为核心的评价导向，重在对人选的业绩、能力及成果转化、创新能力等考核，淡化了发表论文、著书立说、履职年限等传统硬件"指标"。目前，小米公司雷军、奇虎360公司齐向东等461名中关村高端人才通过"直通车"取得了教授级高工职称。三是在人才引进方面，自2011年以来，先后实施了中关村13项特殊政策、"人才八条"、中关村先行先试10项出入境新政等政策，打通了引才聚才渠道。特别是2018年年初还争取相关部委出台了中关村国际人才20条，为国际人才进得来、留得下、融得进、干得好创造条件。政策的实施取得了良好的效果，如出入境新政中最受关注的"绿卡直通车"政策（2018年）办理申请440余人，已有370人获得在华永久居留许可，办证时间从过去的180个工作日缩短到50个工作日，被外籍人才誉为"世界上办理速度最快的绿卡"。同时，还在全国率先开展了外籍人才申请在华永久居留积分评估制度探索，针对达不到外籍高层次人才申请标准但为示范区创新创业做出积极贡献的外籍人才，构建了与国际接轨的市场化人才引进评价机制。2018 年累计有 94 位外籍人才通过积分评估获得在华永久居留推荐函，已有阿拉伯创业者阿哈迈德等近 20 位外籍人才通过积分评估拿到绿卡。

其次，中关村建立了较为完整的人才计划支持体系。一是实施世界级顶尖人才及团队引进计划，支持世界级顶尖人才及团队创新发展，面向前沿技术领域，每年给予世界级顶尖人才及团队相应资金支持。二是深入实施国家人才计划和北京市"海聚工程"。2018 年中关村地区入选北京市"海聚工程"590 人，占北京地区 66%。大力实施中关村"高聚工程"，认定中关村高端领军人才 336 人（团队），覆盖新一代信息技术、生物产业、节能环保等战略性新兴产业领域。三是支持"雏鹰人才"到中关村创业，认定枭龙科技、视感科技等雏鹰人才企业 258 家，其中 U30企业 70 余家。同时支持分园实施区级人才计划，如支持海淀园实施"海英计划"、朝阳园实施"凤凰计划"、亦庄园实施"新创工程"等，初步形成了示范区"高端引领、带动全局"的人才发展格局。

（一）中关村创业人才政策的基本内容

从政策覆盖地域看，中关村创业人才政策大致可分为两类。第一类是针对全国或者北京地区创新创业人才的普适性政策，大多由国家、各大部委及北京市政府及其部门发布。第二类是专门针对中关村园区制定的各种人才服务与鼓励政策，由于中关村是我国第一个国家级高新科技产业开发区，党和政府给予了极大关注，其发布主体既包括中关村管委会及其他同类部门，也包括北京市政府和国家各大部委等更高层的政府机关。

从政策的层次来看，中关村创业人才政策可分为意见层、专项计划层、计划方案层、配套细则层四个层次。意见层最为宏观，属于最高层次的政策；其次是集中体现政策意图的各种专项计划；再次是为实现计划而做出的各种计划或实施方案；最后是诸如税收制度、金融制度、科研投入制度、成果转化制度、安居制度等各种配套措施与具体的操作规程与实施细则。四个层次符合能级层序规律，循序递进，相互支撑，形成了一个较为完整的政策体系。

从政策内容看，中关村创业人才政策可分为人才引进政策、人才培养政策、人才激励政策、人才流动政策、人才评价政策、人才保证政策，这些政策组合在一起，成为中关村创业人才的"催化剂"和"定心丸"。

下面，按照第一种分类法，根据文件发布方的级别排序并结合时间排序，对中关村各项创业人才政策进行简单梳理。

1. 中关村适用的普适性创业人才政策

人才资源是第一资源。在我国改革发展的关键阶段，大力推动人才发展体制机制改革与政策创新，提高人才资源的开发利用水平，对于深入贯彻落实科学发展观、促进经济社会又好又快发展，具有重大而深远的意义。借鉴改革开放初期建设经济特区的经验，探索建设人才特区，是构筑我国人才发展战略高地、形成我国人才竞争比较优势、加快建设人才强国的战略选择。建设人才特区，就是要在特定区域实行特殊政策、特殊机制、特事特办，率先在经济社会发展全局中确立人才优先发展战略布局，构建与国际接轨、与社会主义市场经济体制相适应、有利于科学发展的人才体制机制。要通过建设人才特区，大量聚集拔尖领军人才，促进各类人才的全面发展，依靠人才智力优势，提升自主创新能力，促进新兴产业发展，不断形成新的科学发展优势。中关村示范区具有建设人才特区的坚实基础和独特优势。经过 20 多年的发展建设，中关村示范区在海内外具有一定影响力，聚集了大量高层次人才创新创业，人才发展的辐射效应强。国务院批复中关村示范区实施一系列先行先试的政策，为进一步促进人才发展创造了有利条件。中关村示范区地处高校、科研院所和高科技企业密集地区，科研资源十分丰富，高新技术产业发达，人才开拓事业的空间大、平台宽广。要抓住机遇、解放思想、借助优势、开拓创新，加快把中关村示范区建设成为具有全球影响力、体现中国特色的人才特区。中关村普适性创业人才政策是指在更大地域范围实施的人才政策，中关村创业人才亦可享受。具体包括国家的相关人才计划、北京市的"海聚工程"以及北京海淀区的"海英计划"三级人才工程，同时也有配套的特殊政策，例如2011 年《关于中关村国家自主创新示范区建设人才特区的若干意见》等多个文件。

专栏 4 -2　关于中关村国家自主创新示范区
建设人才特区的若干意见

为贯彻落实《国家中长期人才发展规划纲要（2010—2020年)》和全国人才工作会议精神，创新人才发展体制机制，加快建设人才强国，中央人才工作协调小组、北京市决定在中关村国家自主创新示范区（下称"中关村示范区"）全面建设人才特区，现提出以下意见。

（一）大力聚集拔尖领军人才与科技创新要素

引进高层次人才与高端智力。深入实施"北京海外人才聚集工程"（下称"海聚工程"）和"中关村高端领军人才聚集工程"（下称"高聚工程"），加快引进国际科技与产业发展前沿的"海归"人才，促进各类高层次人才的高密度聚集。推行人才实名制推荐制度，在全球范围内引进和聚集拔尖领军人才，优先支持高层次人才领衔国家和北京市科技重大专项。坚持引才与引智并举，聘请国际一流的科学家、工程技术专家和企业家，指导或参与科技学术研究、重大项目建设。

引入国际科技创新要素。全面活跃人才特区的创新创业氛围，支持高校、科研院所、企业跨国跨地区开展学术交流和项目共建，设立联合研发基地，推动境内外人才联合培养。加强国际技术转移，鼓励海外高层次人才带尖端技术、项目入区，在中关村示范区开展深化研究或成果转化。吸引创新型跨国企业总部进驻人才特区，支持各类国际学术文化交流活动在人才特区举办。力争通过引进一批优秀人才，带回一批高科技专利，造就一批高端项目，带动产业的跨越式发展。

（二）搭建高层次人才的自主创新平台

建设国际一流的科研平台。总结北京生命科学研究所的建设经验，推动低碳技术、信息技术、生物医药、新材料等领域的研究机构不断提高学术水平，力争达到国际一流标准。统筹在京中央单位、非公有制经济组织的科技资源，加快"未来科技城"人才创新创业基地、中国机械工业集团中央研究院、联想集团研究院、中关村航天科技创新园、中关村航空科技园等一批重点研发和转化机构建设。在相关基础研究领域和重大应用技术领域，以需求为导向、以项目为载体，推动前沿实验室、科学家工作室和高科技企业建设，大力开展前沿技术研究和自主创新活动。支持企业与高校、科研院所联合协作，共建共享，推动相关工程研究中心、重点实验室、工程实验室、企业技术中心建设。

创建具有发展活力的科研学术环境。建立现代科研院所制度，扩大科研机构的用人自主权和科研经费使用自主权，建立以学术和创新绩效为主导的资源配置和学术发展模式，健全科研成果质量、人才队伍建设以及管理运行机制等方面的综合评价体系。推行聘用制度和岗位管理制度，支持科研人员自主选题、自主聘任科研团队、按照规定自主使用研究经费。鼓励高层次人才根据科研工作需要，在企业、高校、科研院所之间合理流动，支持其在科研成果转化中取得合法收益。选择若干个处于前沿科技领域、科研人才资源丰富的高校、科研院所，试点实行新的科研机制。发挥中关村开放实验室、国家工程实验室、大学科技园等产业技术转移平台的支撑作用，鼓励高校、央属院所的科研团队带项目整体转化。

（三）建设高层次人才的创业支持体系

建设全新的创业孵化机制。改革现有大学科技园、留学人员创业园、科技企业孵化器的运行机制，建立从创业项目植入到转化发展的全过程服务体系，安排专门区域，为"海归"人才创业和推广新产品提供空间。新建若干海外学人科学园，探索多种形式的科研成果孵化模式。统筹考虑现有科研布局和科技资源情况，推动创意实验室建设，配设科研设备、实验助手等，为国内外各类尖端项目的深化研究提供服务平台。高层次人才创办的企业在京建设总部、研发中心和产业化基地，可根据项目研发生产的需求，代建实验室、生产厂房等基础设施，以租赁方式供企业使用，北京市给予一定的租金补贴，企业可适时回购。

健全与国际接轨的创业金融服务体系。大力引进和聚集各类投资机构，推动天使投资者、股权投资机构和股权投资管理公司在人才特区发展。健全完善吸引境内外风险投资的工作体系，着力加强对各类国际资本的开发利用。建立健全以股权投资为核心，投保贷联动、分阶段连续支持的新机制，形成政府资金与社会资金、股权融资与债权融资、直接融资与间接融资有机结合的科技金融合作体系。建立创业企业改制、代办股份转让、在境内外上市的扶持体系。完善中关村示范区非上市公司股份报价转让试点制度，稳步推进国家高新区非上市股份公司公开转让工作，构建企业改制上市培育工作体系。推动银行信贷专营机构和小额信贷机构的设立和发展，加快金融产品和服务的创新。

（四）创建具有国际水平的产业环境

建设"中关村科学城"高端研发技术服务创新聚集区。优化中关村示范区的规划布局，将中关村大街、知春路、学院路区域作为人才特区发展的重点区域，激活创新资源，加速科技成果的研发转化。在总结推广清华科技园成功经验的基础上，以企业为主体，推动高校、科研机构、企业联合协作，开展产业技术研究。突出重点产业领域，以节能环保、新一代信息技术、生物、高端装备制造、新能源、新材料和新能源汽车等战略性新兴产业领域为重点，打造若干产学研用相结合的创新产业平台。全面推进"中关村科学城"建设，以中关村大街为核心打造"中关村生命科学与新材料高端要素聚集发展区"，以知春路为核心打造"中关村航空航天技术聚集发展区"，以学院路为核心打造"中关村信息网络技术聚集发展区"，力争到 2015 年推动区域形成万亿元以上的产值规模。

促进新兴产业高速发展。统筹中关村示范区产业定位和发展空间，加快南北高端产业聚集区的发展，形成一批具有自主创新能力和国际影响力的产业集群。依托中关村示范区各分园区的特色产业，大力加强生物医药、高端装备制造、新材料、信息与软件服务、国防科技、文化创意等产业基地建设。坚持"需求拉动、军民融合"，创新理念与工作模式，在战略性新兴产业领域，布局一批新的重大产业项目。

以人才引领产业发展。全面增强产业发展对高层次人才的吸附效应，促进高层次人才集群式发展。鼓励海外高层次人才领军产业技术联盟建设，创制技术标准、攻关共性关键技术，抢占产业价值链条的高端。北京市设立"高层次人才创新创业基金"，以政府直接投资、出资入股、人才奖励等方式，吸纳社会资金投入，支持高层次人才科研成果的产业化。深入实施"十百千工程"，按照"一企一策"的扶持办法，加速培育一批上规模、能带动新兴产业发展的企业。

（五）完善高层次人才发展的服务体系

创新人才发展体制机制。集成"千人计划"、"海聚工程"和"高聚工程"的政策资源，加大对高层次人才发展的扶持力度。建立健全以品德、能力、贡献、业绩为导向的人才评价体系，完善人才评价机制。完善股权激励机制，进一步形成有利于人才创新创业的分配制度和激励机制。健全完善人才吸引、培养、使用、流动和激励机制，发展人才的公共服务体系。加快建设中关村知识产权制度示范园区，加强知识产权行政与司法保护，支持企业开展品牌培育和自律活动。吸引聚集一批国内外知名的人才中介机构，健全专业化、国际化的人才市场服务体系。

优化"海归"人才的发展环境。成立专门的服务机构，研究制定特殊办法，在担任领导职务、承担科技重大项目、申请科技扶持资金、参与国家标准制订、参加院士评选、申报政府奖励等方面，为"海归"人才提供良好条件。建立海外高层次人才的档案制度，制定日常联系服务办法，建立跟踪服务和沟通反馈机制，解决他们工作和生活中的困难。在企业注册、创业融资等方面，为"海归"人才提供有针对性的服务。配套建设双语幼儿园和国际学校，提供便利的公共配套服务设施，营造和谐宜居、环境优美的人才创业、工作和生活环境。

资料来源：《关于中关村国家自主创新示范区建设人才特区的若干意见》（有删减），http：//cpc.people.com.cn/GB/244800/244802/18247210.html。

2. 中关村特异性创业人才政策

中关村特异性创业人才政策，是指仅适用于中关村园区的政策。具体包括如下。

（1）中关村国家级创新示范区的创业人才政策。2009年国务院批复建立中关村国家级创新示范区，针对创新创业亟待解决的一些瓶颈性问题给予了准予试点或直接批准的意见。例如同意股权激励和科技金融改革创新进行试点探索，同意国家科技重大专项项目（课题）经费中按规定核定间接费用，明确多个行业的新型产业组织在国家重大科技项目上的准入。此外，还实施税收优惠政策。

（2）中关村"高聚工程"与深化人才管理改革。中关村"高聚工程"是落实国家"千人计划"的重要人才计划，重点打造高端领军人才、高端领军科技创新创业人才、高端领军创业投资家队伍。从时间上看，中关村作为试点打造创新创业人才高地的先驱，其"高聚工程"在推出时间上稍早于北京市"海聚工程"，而且与其存在一定的区别，"高聚工程"既面向海外人才，也面向本土人才。创业人才政策不断探索新经验，2018年发布的《关于深化中关村人才管理改革构建具有国际竞争力的引才用才机制的若干措施》中所提出的多条政策，均是全国首创。

（3）中关村专项资金、财税优惠政策。在专项资金使用方面，北京市财政局、中关村科技园区先后发布资金管理办法，中关村一区四园也相继出台了本园的资金管理实施细则，对资助项目的资格、资金支持方向方式与标准以及资助程序等做出了具体明确的规定。中关村管委会还发布了创业服务资金等四类支持资金管理办法，会同重大前沿项目与创新平台建设合称"1＋4"资金政策支持体系，为创业人才寻求更为精准的资金支持提供了制度保证。在财税优惠政策方面，为更好地提升中关村地区创业投资公司的活力和吸引资金流向科技企业，2013 年《财政部国家税务总局关于中关村国家自主创新示范区有限合伙制创业投资企业法人合伙人企业所得税试点政策的通知》指出，对示范区内注册的有限合伙制的创业投资企业投资于中小高新技术企业的，给予有条件高比例的企业所得税应税额抵扣。

三　人才培养与激励政策

（一）出台《中关村国家自主创新示范区京津冀协同创新共同体建设行动计划（2016—2018 年）》

为了给后续的共同体构建带来引领支撑与辐射带动的效用，2016 年 8 月，正式颁行了《中关村国家自主创新示范区京津冀协同创新共同体建设行动计划（2016—2018 年）》（中示区组发〔2016〕3 号）。该文件的总体思路是要深入贯彻落实党中央、国务院关于京津冀协同发展的重大战略决策部署，坚持创新、协调、绿色、开放、共享五大发展理念，立足区域整体及三地功能定位，以服务有序疏解北京非首都功能、优化提升首都核心功能为出发点，以完善区域创新创业生态系统为核心，以政策先行先试、创新社区共建、重点园区建设、新兴产业培育、要素资源整合等工程为抓手，进一步推动中关村各类创新主体聚焦"4＋N"重点区域，构建政产学研用结合的跨京津冀科技创新园区链，高效聚合全球创新要素资源，为北京建设全国科技创新中心和京津冀建设引领全国、辐射周边的创新发展战略高地做出积极贡献。该文件的核心是构建政产学研用结合的跨京津冀科技创新园区链，实现产业链研发设计与生产环节配套能力的提升。因此，该文件的编制着重考虑了以下四个方面。一是落实文件，注重理解把握与贯彻实施。力求充分理解把握、深入贯彻落实好《京津冀协同发展规划纲要》《中共北京市委北京市人民政府关于贯彻〈京津冀协同发展规划纲要〉的意见》等文件精神和分工部署，强化与北京市相关政策文件的有机衔接。二是明确协同创新共同体的建设目标。坚持首都城市功能定位，把握中关村发展战略机遇，研究提出了"到 2018 年，在'4＋N'重点区域，初步形成以科技创新园区链为骨干，以多个创新社区为支撑的京津冀协同创新共同体"的建设目标。三是注重形成建设合力。坚持改革突破和先行先试，创新合作模式和利益分享机制，力求充分调动中关村和津冀各类创新主体积极性，形成建设协同创新共同体的强大合力。四是把握机遇，市场主导，注重实效。坚持市场主导、注重实效，京津冀协调发展为中关村的发展提供了更大的空间，是一个重大历史机遇，立足京津冀转型升级与新兴产业发展需求，支持中关村企业联合津冀布局产业链上下游环节，补齐发展短板，推动中关村新技术、新产品、新服务在津冀应用示范，带动京津冀区域整体转型升级。在该文件中，指出了要到 2018 年，在"4＋N"重点区域，初步形成以科技创新园区链为骨干，以多个创新社区为支撑的京津冀协同创新共同体。为此提出要推行六大工程，即实施政策先行先试工程，打造区域体制机制创新高地；实施创新社区共建工程，建设跨区域创新创业生态系统；实施重点园区建设工程，构建跨京津冀科技创新园区链；实施新兴产业培育工程，共筑区域高精尖产业主阵地；实施京津冀人才圈建设工程，推进高端人才集聚和跨区域创新创业；实施金融服务一体化工程，推动三地科技金融服务体系有机衔接。

　　而对于人才的开发来说，该计划明确了将通过京津冀人才圈的各项构建活动，带动高端人才的聚集与创新工作。详细而言，主要有两个方面。其一，共同集聚高端人才。即加速展现多个人才吸引政策的交叉效果，有助于入选的人才和团队在三个区域进行工作与创业。强化海外联络处的各项功能，为三地更好地存留优秀人才与对外投资提供可靠的服务。可以配合高校、园区、孵化器等机构的深度合作，携手构建新的创业园或者是投资基金，确保高端人才可以更好地跨区域开展创业活动，共同处理重大项目，协同进行重点技术的研发与产业化工作。其二，共建人才服务体系。协同建立新的数据库，构建三地高层次人才的互助平台。形成良好的服务机制，配合三地公共就业以及服务体系的建立，通过沙龙、研讨会以及论坛等活动，加速推进人才体系产生良好的交互效果。

（二）中关村雏鹰人才计划

　　雏鹰计划呈现较为理想的推进效果，2012～2016年，利用9000多万元的政策资金，带动了超过50亿元资金的庞大投资规模，对区域经济发展起到了重要的支撑作用。重点表现如下。第一，带动世界范围内的高端人才加入创业活动中。250 余家雏鹰人才企业，实现了超过万人的就业规模。30 岁以下的创业人才比例达到了 80%，1/3 以上的创业者为海归人员。视感科技等 9 家公司，先后进入福布斯亚洲 U30 行列。第二，创业实体获得社会资本的高度关注。估值亿元以上的雏鹰人才实体占到全部实体的 70% 以上，超出 50% 的创业实体可以得到二轮融资。例如，量科邦自 2014 年进入雏鹰人才的行列后，在 2016 年，得到阳光保险等投资方的 C 轮融资 5 亿元。第三，创意创新活动蓬勃发展，彰显强劲的领先优势。速感科技所设计的定位与地图方案，可以实现较为理想的机器人视觉，进而提供良好的导航支持，对比同行业有着显著的优势；陌上花所推出的计算机视觉优势明显，参加视觉竞赛 ImageNet 2015 夺得 5 项桂冠，也确立了与阿里的合作关系；彩彻区明使用先进的算法提供超短时天气预报服务，达到了 85% 的精准率，和小米、滴滴等多家公司形成深入合作。

专栏 4-3　中关村雏鹰人才企业支持资金项目
申报条件以及额度

为了让园区各企业深入了解中关村雏鹰人才支持资金申报新政策，确保政策落地的实效性，提高企业申报的通过率，同时为促进人才发展助力企业雄飞，最新雏鹰人才申报要求从申请人年龄、知识产权、获得投资额度等方面做了调整，现将中关村雏鹰人才企业支持资金项目申报条件以及额度具体事项通知如下。

一、中关村雏鹰人才支持对象

U30 雏鹰人才企业和获得投资类雏鹰人才企业，相关人才企业只能选择其中一项进行申报，不得同时申报或重复申报。

二、支持条件

1. U30 雏鹰人才企业

（1）自企业注册之日起一直担任企业主要负责人（法人或第一大股东，下同），且在企业注册时企业主要负责人年龄不超过 30 周岁（含），外籍人才年龄不超过 35 周岁（含）。

（2）企业主要负责人在中关村示范区内初次注册企业（之前未担任其他中关村示范区企业的法人），且企业成立时间为 1 年以上 3 年以内（2016 年 5 月 1 日至 2018 年 4 月 30 日）。

（3）支持的重点产业为北京市加快科技创新发展新一代信息技术等十个高精尖产业指导意见确定的产业领域和《中关村国家自主创新示范区发展建设规划（2016—2020 年）》（中示区组发〔2016〕1 号）及《中关村国家自主创新示范区创新引领高质量发展行动计划（2018—2022 年）》（中示区组发〔2018〕4 号）确定的重点发展产业，主要包括新一代信息技术、医药健康、智能制造、新材料、新能源与节能环保、智能交通和现代服务业等。

（4）有一定数量的研发人员和研发经费支出（包括企业内部的日常研发经费支出，当年形成用于研发的固定资产支出和委托外单位开展研发的经费支出）。

（5）除符合以上条件之外，还须符合下列条件之一：

1）国家高新技术企业。

2）中关村高新技术企业。

3）企业或企业主要负责人有与企业核心业务相关的发明专利和软件著作权等自主知识产权。

2. 获得投资类雏鹰人才企业

（1）自企业注册之日起一直担任企业主要负责人（法人或第一大股东，下同），且在企业注册时企业主要负责人年龄不超过

35 周岁（含）。

（2）符合上述 U30 雏鹰人才企业第 2 至 5 项条件。

（3）获得投资机构投资总额不低于 500 万元，且所有投资机构占企业股份总比例不高于 30%。

三、支持额度

对于 U30 雏鹰人才企业，按照不高于实缴注册资本 50% 的比例给予一次性启动资金支持，最高资金支持额度不超过 10 万元。

对于获得投资类雏鹰人才企业，按照不高于实缴注册资本 50% 的比例给予一次性启动资金支持，最高资金支持额度不超过 30 万元。

为发现及培育一批国内外优秀青年创业人才，中关村管委会发布雏鹰人才支持资金计划，针对"U30"与"获得投资类"两类创业人才、企业，提供相应的创业启动资金支持。

资料来源：http://www.techchn.cn/Index/show/catid/14/id/571.html。

（三）沿用与创新职称评审直通车政策

根据《中关村国家自主创新示范区高端领军人才专业技术资格评价办法》，在"研究员职称评审直通车"试点的基础之上，积极推进高端人才的资格评选活动。活动开展至 2016 年，评选重点针对两类人才的需求，其一为"一区多园"项目入驻的公司中，参与工程技术研发的专业力量，其二为契合有关规范，在高等院校、科研机构等设立的配套转化岗工作，经人社局审定，并于中关村"一区多园"内部实现科技成果转化的相关人员。重点是核查资格评选申请者的综合素养和技术能力，通过个人、单位、区域的相关申请推荐，由专家对业绩情况综合评审，达到全面细致、程序正规的目的。截至 2016 年底，已对六批高端人才进行了评价审核，其中有 410 名评价对象搭乘政策"直通车"收获相关专业的高工职称，涉及的行业涵盖信息、医药、材料与能源等多个领域。

（四） 完善新型科研机制

对于优化新型技术力量、健全科学研究体制而言，首先，实施股权以及分红激励等各项措施，有效激发科研工作者的主动性。通过技术入股以及分红等多种激励渠道，推进实现人才收益转化最大化，激活高校与科研机构的科研热情。截至 2016 年底，市属单位 64 项、中央单位 41 项，总计 105 项中关村国企、高校以及科研机构的激励计划规划获准试行。其中，49 项使用股权激励方案，56 项使用分红激励方案，执行方式有所不同。激励措施实施后，总计 405 名科研、管理人员通过股权奖励、出售以及技术入股等方式实现股权获益，人均获益 55.4 万元，总额达到 2.25 亿元。

其次，加速新型科研机构的构建活动，加速生科院的科技成果转化。王晓东院士组建的百济神州，加速了创新科技成果与临床实践的结合，该企业将靶向与免疫抗癌分析作为长期主攻方向，历时 4 年，研制出 10 种实验性药物（均为创新原研药），且当中 3 种产品已转入后续的临床环节，同时在研药物覆盖了现有癌症类型的 80%，实际的产品研发已经到达国际水平。2016 年 2 月，进入纳斯达克股市，开国内专注创新药研发尚无产品上市的生物技术公司进入国外市场的先河。2016 年 9 月，研发中的 PD－1 单抗 BGB－A317 得到了 CFDA 授予的临床试验批件，以此可实现对晚期肿瘤的有效治疗。紧随澳大利亚等国家和地区之后，我国成为第五个 BGB - A317 得到临床试验许可的地区。

最后，加速北京纳米能源研究所的配套支持工作，健全科技成果的转化机制。通过拟定配套的文件，明确产业化体系的重点方向与程序。2016 年，《促进科技成果转移转化行动方案》等多个关键文件的出台，积极推动了国家有关科技成果转化的各项规范落到实处，带动了核心成员的收益提升到收益净值的 70%。通过四年的不断积累与成长，当前该研究所在学术分析方面已有全球顶尖的创新策源地，在运用技术上取得了良好的攻关成绩，所设计的摩擦电汽车尾气过滤器样机可将汽车尾气中的 PM2.5 颗粒从 1000 多过滤到 10 以下，样机装入多辆汽车同时进行测试，可持续运转 3000 多公里。2016 年 9 月，所属怀柔园区正式动工，投入建设资金 10 亿元人民币，目标是将其打造成国际一流的纳米能源全球创新中心。2016 年 11 月，该所首个科技成果转化项目摩擦电空气除尘技术已与社会资本达成意向，以便快速推进创新成果产业化。

（五）强化人才培养与使用衔接，促进产学研用一体化发展

其一，强化人才培养与运用的衔接机制。在改革规划中对其有着详细的要求，针对该领域的改革需求，中关村构建了高效的人才合作对接体系，通过多种方式构建高端人才与高校更为理想的对接渠道，建立关于人才的培养与运用的有效衔接体系。积极破解各种单位的人才身份局限，选择优秀的公司负责人与领军力量，前往市属高校就任教授或导师。截至 2016 年，有 40 余名高端人才和北京邮电大学等 8 个院校形成了初步合作

意向。双方在人才培养、研发与技术交流等多个领域推进合作，领军人才所产生的辐射效果得到彰显，推动了产学研一体化的建设。

其二，北京对中关村的公司和高校联合培养人才的模式予以鼓励。联合北京市教委，配合龙信数据等公司和北京大学等 5 个知名院校建立人才培养体系，针对公司未来发展的人才缺口，携手构建关于大数据分析的硕士培养机制。基于公司发展的客观需求，5 所高校在 2014 年的新进硕士研究生中，遴选出 50 人组成了专业的实验班，重点培养"大数据分析硕士"，针对大数据的统计与挖掘着手拟订配套的特色培养规划，特邀了国家多方面的顶尖人才参与到研究生教育、公司培训等教育活动中，培养拥有新时代网络思维与良好创新素养的科技人才。慧科教育集团等单位和北京航空航天大学之间构建了"定制培养计划、校企共同参与教学、在职学习研究"的融合运营体系，为大数据相关产业发展培育相应的对口人才与教育体系，确保公司后续发展中的人才缺口得到切实补充。

（六）落实服务平台支持政策，助力人才创新创业

中关村以"政府支持、政策引导"作为其发展体系的基础，鼓励开放实验室加入科技服务体系中。截至 2016 年底，挂牌数量为 195 家，包括新时代的信息、生物、环保等多个行业，涉及的科研人才规模达到 1.6 万人，共享检测与研发器材的数量达到7.6 万台（套），整体价值 92.7 亿元，这使得北京的科研力量，凝聚了多方面的科技创新成果，在软硬件与人才体系等方面都有着显著的提升。开放实验室配合推进了 6.3 万余项各类科技服务，3.8 万家次参与单位从中获益；为相关项目提供的补贴款项

达到 2.76 亿元，刺激研发投入增加 107 亿元，帮助参与单位减少研发开支约 4.1 亿元。

2019 年 4 月 18 日，中关村新版 "1＋4" 资金支持政策正式启动。这是中关村为落实中关村国家自主示范区高质量发展行动计划，营造更优质的营商环境，方便创新主体申报支持资金。针对 2017 年发布的 "1＋4" 政策实施中的问题，按照政策支持更加精准、申报流程更加规范、申报材料格式更加统一、申报形式信息化的要求，2018 年底中关村管委会对 "1＋4" 政策进行了集中修订，形成了政策支持点凝练、政策支持项准确突出、政策统筹融合加强的新版 "1＋4" 政策体系。新版 "1＋4" 政策包括 5 个具体政策文件，分别是《关于精准支持中关村国家自主创新示范区重大前沿项目与创新平台建设的若干措施》《中关村国家自主创新示范区提升创新能力优化创新环境支持资金管理办法》《中关村国家自主创新示范区优化创业服务促进人才发展支持资金管理办法》《中关村国家自主创新示范区促进科技金融深度融合创新发展支持资金管理办法》《中关村国家自主创新示范区一区多园协同发展支持资金管理办法》。新版 "1＋4" 政策有 10 大支持领域，分别是重大项目支持、创业孵化培育、人才聚集培养、金融科技发展、金融支撑体系、科技信贷创新、创新环境营造、新兴产业发展、国际交流合作、一区多园协同，有 48 个资金支持方向，如企业改制挂牌、企业制定技术标准、生态智慧园区建设等。从 48 个资金支持方向来看，支持企业的有 28 个，支持人才的有 3 个，支持科技服务机构的有 13 个，支持园区载体运营机构的有 4 个。

新版 "1＋4" 支持对象是企业、高等学校、科研机构或社会组织等设立的、由独立法人机构运营（技术转移服务类平台可为独立机构运营）的科技服务平台，包含知识产权服务类科技服务平台、标准化服务类科技服务平台、技术转移服务类科技服务平台、检测认证服务类科技服务平台、军民融合创新类科技服务平台等。就具体的支持内容和资金来看，新版"1+4"政策根据服务平台上年度服务企业或推动科技成果在京转化的绩效和评价结果，给予技术转移服务类中关村科技服务平台不超过200万元资金支持，给予其他类型中关村科技服务平台不超过100万元资金支持，支持比例不超过实际发生费用的50%。支持经费认定范围包括：房屋租赁费、人员聘用费、科技中介服务费、办公设备购置费、人员奖励费、专家费、劳务费、差旅费、会议费、印刷费、资料费、培训费以及活动场地租赁与搭建费、设备租赁费、文具购买费、课程开发费、教材编写费等。

四　丰富拓展人才开发举措

（一）人才培育培训

中关村在2016年举办的各种人才活动中，有20次左右是培训类活动，这些培训活动收效明显。培训方向主要包括专业知识、政策宣讲与辅导等多个方面的工作，培训对象重点为公司、行业协会以及管委会等多个方面的机构，进而更好地满足在新的发展与转型进程中，领军、外事、负责人等多个方面的人才需求。培训主要覆盖风投、私募、"走出去"与网络等多个方面的内容。培训基本采取单次培训模式，时间多为半天，实现较为理想的短平快的培训效果；同时也推出了系列培训活动，通过更为全面的方式，针对重点领域开展多角度的培训活动，比如知识产权巡讲季等活动。

以中关村软件园为例，中关村软件园人才基地培训中心以创新的思路、务实的作风、灵活的模式，构建了独具特色的内容培训、人才招聘、创新创业的人才培养生态链，为建设创新型国家提供源源不断的人才智力支撑。内容培训前沿化。软件行业发展迅猛，IT 技术日新月异，反映在人才培训上，人才培训的内容必须紧跟时代潮流，契合行业发展热点。中关村软件园在产业集聚方面始终走在创新发展的最前沿，从 IT 服务外包、云计算、移动互联，到大数据、互联网金融、人工智能等方面都率先形成全国领先的特色产业集群，使得园区在人才培训的内容方面具备前沿性和热点性。同时，中关村软件园积极开展校企合作、专业共建，培养创新创业人才，园区与北京石油化工学院、贵州民族大学、南通理工学院、西北师范大学、安顺学院、包头师范学院、昆明学院、内蒙古民族大学、广西电力职业学院等高校建立深度校企合作，重点开展大数据、移动互联、云计算、人工智能等领域的新型实用人才培养，用前沿技术领域和先进创新理念武装学员头脑、指导工作实践。

（二）人才交流合作

习近平总书记曾经就人才交流做过许多重要指示，其中，2014 年 5 月 22 日，他在外国专家座谈会上的讲话中指出，文明交流互鉴，首先是人的交流互鉴。[①] 加强国际人才交流合作，有

---

① 《习近平同外国专家座谈时强调，中国要永远做一个学习大国》，央广网，ht-tp：//china. cnr. cn/news/201405/t20140524_515576224_1. shtml，最后检索时间：2020 年 6 月 7 日。

利于我们积极借鉴世界各国优秀文明成果，也有助于推动中华文明创造性转化和创新性发展。更重要的是，这种交流有利于推动不同文明相互尊重，推动世界各国人民相互理解。不同民族、不同国家、不同地域之间的文化交流，好比不同色彩的搭配，在纵横交错、明暗强弱的各式组合之中，新的画面和景色就会出现。而这一切，都需要人才、呼唤人才，需要加强国际人才交流合作。

2016 年，中关村进行了近 20 次人才交流活动，而论坛和研讨会是提供交流支持的主要方式，这些方式为各种人才提供了可靠的交流支持。交流内容在前述的创新活动之外，还关系知识产权、风险投资等多个领域的工作。其中，规模最为庞大、级别最高的是中关村人才论坛等相关会议。

中关村第十三届人才论坛①于 2016 年 4 月 16 日举办。论坛期间，专家学者、企业家、创业者和中高层管理人员、咨询机构人士、媒体人士、投资界人士以及高端专业人才围绕人才"供给侧"改革、产业链人才链融合与科技园区发展、从雇佣到合伙、非雇佣关系的人才激励等焦点展开讨论，论坛还针对如何撬动高校人才培养等主题进行了充分研讨。在论坛现场，2015 中关村十大海归新星、2015 中关村创业未来之星榜单入选者展示了他们的风采，分享了他们的创业经验。

中关村华侨华人创业大会于 2016 年 7 月 3～6 日召开，大会邀请了来自 41 个国家和地区的 550 名卓越人才，同时也有在京创新创业等精英人士到场，对评选出的美国国立卫生研究院研究员翁旭建博士"癌症早期筛查及个性化用药"、赫尔辛基工业大学

---

① 主题为人才"供给侧"改革。

研究员贺国友"城市道路复合抑尘材料项目"等10个优秀项目进行了表彰，优秀项目后期将会优先落户相关园区。

（三）人才宣传推介

2016年，产业联盟不断开展后续的品牌推介工作。组织了多个评选活动，而其中影响力最强的"2016中关村年度人物"评选，推选出多个卓越的人才，诸如今日头条张一鸣、小米刘德等。这些评选活动对于产业的发展有着积极的推动作用，有助于增加对人才工作的宣传力度与吸引力，吸引大量的优秀人才进入园区中。而且各类榜单有助于综合评价人才的表现，协助公司更好地开发人才的潜在价值，有助于人才更好地为企业与园区的建设提供帮助。

（四）人才服务保障

人才服务保障体系有着稳定的发展，中关村为了让国际人才更快实现社会融入，推出了多项配套服务政策。如简化外籍人才住宿登记手续，对在北京有稳定住所或固定工作单位的外籍人才实现便捷化网络登记，节约时间和成本；支持相关保险机构开发设立针对外籍人才的保险产品，消除他们的后顾之忧，为外籍人才安心在京发展提供有力保障，吸引更多外籍人才来中关村发展；在朝阳望京、中关村大街、昌平未来科学城、新首钢地区，2017年试点建设国际化人才社区，为外籍人才的医疗、住房、子女教育提供全方位保障，提供类海外的生活环境。在卫生保健方面，卫计委指定5家三甲医疗机构专门对接高端人才，满足他们的医疗需求，有271人通过相应程序办理便捷医疗手续。

配合人才公租房建设活动，2010～2016年，依靠趸租、自建

以及回购等多种模式，整体筹集房源 2.3 万套，服务园区的 600
家公司，满足了 3 万名人才对住房的需求。对 4 个分园 9708 套公
租房项目，提供一定的贴息优惠。中关村创客小镇就是典型的代
表，其前身是"351 地块公租房"。这是北京试点在集体土地上
建设的首批公租房。从地理位置上看，该项目位于海淀区温泉
镇，恰恰是中关村辐射的重要区域。2015 年 5 月，在项目开工两
年后，"351 地块公租房"的定位突然调整——海淀区方面考虑
将这些公租房面向创客人才专配。创客人才公租房区别于普通公
租房，在资质审核上更需要对创业团队的考核。2016 年 12 月 20
日，《海淀区创客人才公共租赁住房承租评审实施办法》发布，
为考核评审提供支撑。

第五节

本章小结

　　本章为对人力资本与区域经济发展之间关系的案例进行分
析，首先简要梳理了中关村的发展历程，之后主要从三个方面分
析了中关村人力资本与经济发展之间的关系，分别为：中关村人
力资本与区域经济产业结构之间的关系论述、中关村人力资本与
区域经济发展之间的空间计量分析以及中关村人力资本的聚集机
制。通过分析中关村起源和发展历程发现，中关村的人才政策取
得了丰硕的成果，对人才的集聚和产业结构的优化发展起到了重
要的促进作用，具体包括：海外人才的快速聚集，高端化的优势
较为显著；科技人才的整体规模不断提升，人才高层次化趋势明

显；特色人才和产业不断发展，科技创新成果不断涌现。之后的
中关村人力资本与区域经济发展之间关系的空间计量经济研究则
更是从实证方面证实了人力资本（主要为受教育程度）对区域经
济发展的重要作用。此外，实证分析也发现了人力资本和区域经
济在空间上存在明显的集聚效应。而在具体聚集机制上，主要表
现为中关村对海外人才吸引、对创业人才的扶持、完善的人才培
养与激励政策以及不断丰富拓展人才开发的措施。

第五章
人才政策对人力资本产生的效应及作用机制

从前面研究可以看出，中关村之所以能积聚大量人才，并将这些人才的创新创业创造能力有效激发出来，最终带动产业升级和促进经济高质量发展，最关键一点就是中关村长期制定实施系列人才引进、培养、流动、激励等政策，并将这些人才政策坚决贯彻落实。所以，中关村的人才政策具有较为显著的效应，而此种效应对人力资本的发展具有重要影响。因此，人力资本政策的效应是本书研究的重点，本章首先从分析我国国家层面的人才政策入手，其次比较全国有代表性区域的人才政策效应，最后提出在政策效应条件下，人力资源向人力资本转化的基础条件，根本目的是促进区域经济增长。

第一节

中央层面的人才政策分析

我国政府历来重视人才发展，2013 年我国召开了第一次人才工作会议，从此以后，中央有关部门每年都要出台一系列人才政策，其主要目的就是通过发挥人才政策效应，加快人才培养，加速人力资本积累，实现人力资本的大规模积累，通过人力资本的积累促进全国经济发展。总体上讲，国家的人才政策效应主要表现在顶层设计比较完善、配套人才政策效果突出、重大项目在引进人才方面成效显著以及人才队伍建设方面成效显著。

一 人才政策顶层设计比较完善

经中央批准，从 2008 年 3 月开始，中央人才工作协调小组安排专家及对人才工作有大量经验的工作者，通过两年的时间拟制《国家中长期人才发展规划纲要（2010—2020 年）》（以下简称《纲要》），《纲要》于 2010 年 4 月正式实施。这是我国首个关于人才强国战略所形成的顶层设计方案，是系统性的规划方案。《纲要》提出了到 2020 年我国人才发展的总体目标，即培养和造就规模宏大、结构优化、布局合理、素质优良的人才队伍，确立国家人才竞争比较优势，进入世界人才强国行列，为在21世纪中叶基本实现社会主义现代化奠定人才基础。围绕这一目标，《纲要》提出了"服务发展、人才优先、以用为本、创新机制、高端引领、整体开发"的人才发展指导方针，明确了人才队伍建设的主要任务。一是突出培养造就创新型科技人才，努力造就一批世界水平的科学家、科技领军人才、工程师和高水平创新团队，注重培养一线创新人才和青年科技人才；二是大力开发国民经济和社会发展重点领域急需紧缺专门人才，为发展现代产业体系和构建社会主义和谐社会提供人才智力支持；三是统筹推进党政人才、企业经营管理人才、专业技术人才、高技能人才、农村实用人才、社会工作人才等人才队伍建设，培养造就数以亿计的各类人才、数以千万计的专门人才和一大批拔尖创新人才。

《纲要》提出，要把深化改革作为推动人才发展的根本动力，坚决破除束缚人才发展的思想观念和制度障碍，构建与社会主义市场经济体制相适应、有利于科学发展的人才发展体制机制。坚持党管人才原则，创新党管人才方式方法，完善党委统一领导，组织部门牵头抓总，充分发挥政府人力资源管理部门作用，有关部门各司其职、密切配合，社会力量广泛参与的人才工作格局。围绕用好用活人才，完善政府宏观管理、市场有效配置、单位用人自主、人才自主择业的人才管理体制。创新人才培养开发、评价发现、选拔任用、流动配置、激励保障机制，营造充满活力、富有效率、更加开放的人才制度环境。同时，围绕人才工作和人才队伍建设的重点领域与关键环节，提出了"实施促进人才投资优先保证的财税金融政策""实施人才创业扶持政策""实施更加开放的人才政策"等 10 项重大政策，确定了"创新人才推进计划""青年英才开发计划""海外高层次人才引进计划"等 12 项重大人才工程。

此后，绝大部分省市和地区都拟订了自身的发展规划。以国家人才发展规划作为工作引领，实现良好的贯通、衔接作用，各方面的人才发展规划体系初步成形。践行人才强国战略的过程中，通过自上而下的模式，绘制全社会协同的良好"路线图"。在这一国家层面的规划引导下，我国各界都逐渐开展了其内部的人才队伍建设工作，出台了相关的人才发展规划。基本上全国所有的省份以及部分副省级、地级市等城市都制定了自己的人才发展规划。以这一顶层设计为发轫，各地跟随中央的脚步，形成了中央和地方协同贯通的人才发展规划体系。这为人才发展和实现我国的人才强国战略绘制了宏伟蓝图。[①]

二　配套人才政策效果突出

人才政策的拟订与创新，对于加速后续的体制机制改革具有积极的推动作用，这也是我国人才制度发展的必由之路。从时间上来看，21 世纪初期是我国人才政策不断创新的高峰期。在这一段时间里，多项人才计划先后出台，对于我国吸引和使用海外高层次人才以及加强国内人才培养创造了有利条件。如表 5 - 1 所示，近年来，国家人才规划政策计划出台共计 72 项，已经出台的有 43 项，政策的出台率达到了 60%；国家人才规划配套政策

[①]　中央组织部人才工作局编《党管人才工作规律研究》，党建读物出版社，2017，第 28 ~ 35 页。

方面，计划出台政策共计 323 项，已经出台了 168 项，政策出台率为 52% ；在地方人才政策方面，计划出台政策总计 900 项，已经出台了 370 项，政策出台率为 41% 。可以看出，在人才政策的制定和出台方面，体量大，有较高的出台率，但存在地方政策发展较为缓慢的问题等。

表 5 - 1 近年我国人才政策制定情况

政策类型	计划出台政策（项）	已经出台政策（项）	政策出台率（%）
国家人才规划制定政策	72	43	60
国家人才规划配套政策	323	168	52
地方人才政策	900	370	41

资料来源：中共中央组织部人才工作局编《党管人才工作规律研究》，党建读物出版社，2017。

21 世纪初期，中央出台了关于加强人才工作的决定，在坚持改革创新并形成科学的人才评价和使用机制的要求下，科技部等多部门制定了关于科学技术评价的方案——《科学技术评价方法（试行）》，其制定目的在于甄选和鼓励优秀人才。最近几年，随着全国工程师制度改革协调小组的正式构建，19 个部门与单位积极分析改革的各项问题，明确需要对工程师采取更加完善的评估机制，推动我国纳入《华盛顿协议》体系，颁行了与职称改革对应的制度改革方案——《关于深化工程技术人员职称制度改革的意见》。2016 年出台《关于深化人才发展体制机制改革的指导意见》，是继 2003 年《中共中央国务院关于进一步加强人才工作的决定》以及 2010 年制定《国家中长期人才发展规划纲要（2010—2020 年）》之后，又一具有重要意义的举措，这是在新形势下对人才发展做出的有关其机制改革的顶层设计，在制度和政策方面具有诸多创新，是分量重、"含金量"高的文件。这些政策的实施，对于释放各类人才的发展活力具有积极的催化作用。

三　重大项目在人才引进方面具有显著的成效

推进新时代的人才工程，作为国家发展人才优势，是加入国际竞争体系的关键经验。人才领域的重点集中为创新型人才的竞争机制。国家重大人才工程，能够基于战略的角度关注后续的人才团队构建工作。在近些年的发展中，我国陆续开发了大量有着良好引领、创新与示范性价值的人才工程，积累了较为深厚的发展潜力，整合了众多有着顶尖国际水平的创新人才。2012 年 8 月，经党中央、国务院批准，由中组部、人社部等 11 个部门单位共同颁行了《国家高层次人才特殊支持计划》，总体目标是，从 2012 年起，用 10 年左右时间，有计划、有重点地遴选支持 10000 名人才，形成国内高层次创新创业人才队伍开发体系。《国家中长期人才规划纲要（2010—2020 年）》设立了 12 项重大人才工程，中央人才工作协调小组不断完善重大人才工程推进协调机制，跟踪工程实施进展情况，加强督促检查，及时协调解决工程实施中的困难和问题，财政部积极协调资金为人才工程的推进提供可靠的支持。

在重大人才工程示范引领效应作用下，各个区域与部门着手推进有着自身特点的工程或项目。36 个部委推进人才工程 150 项，各省级区域推进的数量达 449 项，各个市级区域推进的数量为 3570 项（见表 5 - 2）。各级政策的不断推进，加速了整体人才队伍的建设。

表5-2 地方和部委系统人才工程实施情况

工程实施主体		计划实施数（项）	预计涵盖人才数量（万人）
地方	省级	449	5720.5
	市级	3570	6482.1
部委系统		150	3209.8

资料来源：中共中央组织部人才工作局编《党管人才工作规律研究》，党建读物出版社，2017。

四 人才队伍建设成效显著

培养与发展有着庞大规模、科学结构与优良素养的人才体系，对新时代的人才竞争极为关键，对中国未来进入世界人才强国行列具有十分重要的意义。若欲实现该体系建立，就必须坚持以高层次人才、高技能人才为重点，统筹推进各类人才队伍建设。中央以党管人才原则作为基础，坚持突出重点、把握规律、创新举措，集聚各方面力量强化人才队伍建设。中宣部研究制定《高层次国际传播人才培养计划和非物质文化遗产项目代表性传承人扶持计划实施方案》。统战部研究制定《关于加强非公有制经济组织中人才队伍建设的意见》。人社部深入实施专业技术人才知识更新工程和高技能人才振兴计划，印发了《专业技术人才知识更新工程急需紧缺人才培养培训项目和岗位培训项目实施办法》，建立国家级专业技术人员继续教育基地，制定高级研修项目计划，评选确定了140个高技能人才培训基地和150个技能大师工作室建设项目，开展培训、研修、攻关、交流等活动，研究制定《关于加强企业技能人才队伍建设的实施意见》等指导性文件。重点培养了105万名急需紧缺专业技术人才，参加继续教育专业技术人员达4400万人次，新增高技能人才 280 万人。科技部为突出培养创新型科技人才和青年人才，实施创新人才推进计划，制定出台《关于加强高层次创新型科技人才队伍建设的意见》和《关于加强科技创业人才队伍建设的意见》。教育部研究制定培养造就青年英才的政策措施，实施"基础学科拔尖学生培养试验计划"。民政部为加大社会工作专业人才培养与岗位开发力度，制定下发《〈关于加强社会工作专业人才队伍建设的意见〉任务分工方案》，社会工作专业人才已达 75.9 万人，发展民办社会工作服务机构 2452 家。农业部认真落实中央农村工作会议精神，制定培养新型职业农民试点工作指导意见，规范农村实用人才认定标准，大规模开展农村实用人才带头人示范培训，出台了关于加快青年农业科技人才队伍建设的意见，实施了农业科研杰出人才培养计划，首批遴选了 150 名科研杰出人才及其创新团队，深入推进"基层农技推广机构特岗计划"，实施了"百名农业科教兴村杰出带头人"资助项目、"全国杰出农村实用人才"等创业项目。国资委、工信部深入开展企业经营管理人才素质提升工程，启动中小企业领军人才队伍建设，培训 50 多万人，引进高端装备制造人才 150 人。

第二节

地方有代表性区域人才政策分析

近年来，在中央人才政策引领下，全国各地区也在因地制宜地出台人才政策，为使人才入驻"筑巢"，不断激发各类人才参与当地经济社会建设的积极性。各地在充分开发人力资本为经济社会建设服务方面各有特色，但也暴露出我国目前各地吸引人才的政策存在一定的问题。

一　主要城市人才政策

（一）　一线城市的人才引进政策

"北上广深"作为国内经济发展的核心动力，也是我国的人才高地。当前四个顶尖城市将人才发展的重点转移到吸收境外优秀人才，采取的策略主要有引进、培养和发展、激励与管理等多个方面。

北京市的高层次人才专项计划。2018 年颁行《北京市引进人才管理办法（试行）》，通过多个大规模的国内人才工程来获取世界范围内的顶尖人才，着手构建全国最为发达的科技创新中心，着手建设新的"高精尖"经济体系，为形成新时代更为理想的人才总量与结构提供支持。

上海市计划转型为"人才高峰"。2018 年 3 月，上海市委强调，要以当前的"人才高地"为基础，通过多方面措施稳步推进发展新的"人才高峰"，积极推进多角度的人才政策改革工作，从而产生对全球顶尖人才的"磁吸效应"，积极发展新时代的"人才梦之队"。①

深圳市的多个人才新政。继 2016 年上半年颁行 81 条"人才新政"之后，各个区也陆续推出配套的人才政策，将落户门

---

① 《上海释放出明确信号：在人才高地上建高峰》，http：//www.xinhuanet.com/ 2018 - 03/27/c_ 1122598752.htm，最后检索时间：2020 年 5 月 10 日。

槛调整到大专，同时注资 1000 亿元建设新的人才安居集团，筹备配套的人才住房体系，在"十三五"阶段计划可以提供 30 万套住房。①

广州市的"广州市打造人才梯队工程"。广州为做好高端后备人才相关工作，拟订了多方面的人才政策规范，计划发展第一梯队的顶尖人才体系，储备院士后备力量等多方面的人才，第二梯队是配合各个国家工程，提供相应的后备人才力量，第三梯队则是在特定学科体系中有着带头影响力、享有特殊津贴的优秀人才。②

（二）"新一线"城市的人才引进政策

杭州、南京等新一线城市在"人才争夺战"中逐渐进入优势位置。2017 年新年伊始，武汉在人才吸引方面出台了一系列政策和措施，比如户口迁落的便利性、针对住房的各类补贴等。在武汉出台 5 年保留 100 万名大学生的计划后，后续很多城市纷纷效仿这一做法。而城市之间对于人才的争夺更加激烈，以期更好地促进人才对于城市的健康发展发挥重要作用。在新的竞争环境下，杭州、南京等城市取得了一定的领先地位，这些新的一线城市迎来了更多的发展动力，成为吸引人才的第二大阵营。

武汉市计划 5 年留住百万名大学生。2017 年，武汉正式出台了"百万大学生留汉创业就业"等计划方案，鼓励 30 周岁以下

---

① 《深圳出台人才新政：符合条件的人才可享受市场价 6 折的人才房!》，ht-tps：//nanjing. news. fang. com/open/28674467. html，最后检索时间：2020 年 5 月 10 日。

② 《广州市中长期人才发展规划纲要（2010～2020 年）》，http：//ys－ysy. com/ policyshow. aspx？a＝421，最后检索时间：2020 年 5 月 10 日。

的学生在武汉本地进行创业，解决稳定居住场所的大学生能够便利落户，同时配备了相应的人才公寓可供选择；就在这一年该城市的人口净迁移率为 19.78%，首次实现进大于出。[①]

杭州市公布《加快杭州人才国际化意见》，并制定了"全球聚才十条"等相应方案。这是 2015 年公布杭州"人才新政 27 条"等政策后，在人才吸引和招募上的又一重大举措，主要是出台更具竞争力的人才引进和保留机制，对于外部人才和本土人才的培养工作给予了充分关注。

南京市发布高校毕业生直接落户以及补贴政策。南京在大学生租房问题上给予更多关照，将补贴的时间延长至离开校园的 3 年，而本科学历的学生每人一个月能够得到 600 元补贴，外地高校的应届毕业学生获得本科以上学历并在本市进行面试的，相关部门会给予每人福利补贴 1000 元，一些突出人才的工资上不封顶，不会受到工资总额的制约。[②]

成都市积极实施中心城市战略，践行人才优先思想。成都在 2017 年出台《人才优先计划》，对于本科以及更高学历的青年才俊，持其毕业证就能顺利进行落户申请，为部分特殊人才保障公寓住房，保证相关人才能够居有定所，租赁公寓居住时间达到 5 年后，能够按照低于市场价格进行购买。[③]

---

① 《"人才争夺战"靠什么胜出》，https：//www. sohu. com/a/228002080_24 3614，最后检索时间：2020 年 5 月 10 日。

② 《40 岁以下本科生可直接落户南京》，https：//wh. focus. cn/zixun/dc51949bc 345b6c4. html，最后检索时间：2020 年 5 月 10 日。

③ 《成都深入实施人才优先发展战略 加快建设具有国际竞争力的人才强市》，http：//sc. china. com. cn/2017/chengdu_ 1113/252394. html，最后检索时间：2020 年 5 月 10 日。

二　主要人才管理改革试验区政策比较分析

通过表 5 - 3 中对四地人才政策的对比大致可以看出如下特点。一是人才政策体量差距较大。从对人才的引进、培养和服务的角度来看，中关村人才政策的体量最大且内容最为完善。简而言之，即各地人才政策虽有侧重点差异，但中关村的人才政策基本囊括了其他地区所涉及的人才政策的所有方面。二是多地疏于对引进的人才进行培养。中关村对人才培养方面的政策要优于其他地区。有关引进人才的培养是各地区在人才引进政策方面所存在的弱势项目。弱化对引进人才的培养对人才的长远发展十分不利，既是对人才的浪费，更是对人才不负责任的表现。被引进的人才为引入地奉献自身力量自是其职责所在，但事实并非引入人才者最初所想的那般，即人才引进之后只需发光发热即可，疏于对人才的充电，会造成人才发展后劲不足。三是多地在人才引进方面"重海外，轻国内"。多地将引才、引进外来人才等同于引进海外人才，如此既增加了引才成本，也不利于国内以及本地人才能力的充分发挥。

表5-3 人才管理改革试验区人才政策

特点	政策		
	引进	培养	服务
北京中关村 人才智力高度密集； 科技创新高度活跃； 新兴产业高速发展	减免进口税收 √ 符合规定的科研、教学物品，在进口税等方面给予优惠； √ 满足标准的高端留学生以及海外科研人员来中国就业的，给予更多生活便利的，根据高端人才引进的政策充分落实； 股权激励 √ 境外股权以及相关投资。为投资创建更为完善的环境，对于人才的返程投资等设置便利条件，简化审批的过程 引才平台 √ 与19个中央单位组建了中关村创新平台，打通各类要素流动和配置渠道 √ 打造"一站式"咨询平台，为人才特区的海外高层次人才提供"专员制"服务	高校、科研机构、企业联合培养研究生 √ 积极引导研究生到兼职导师所在的公司和科研单位等进行实习，积累经验； √ 支持区域内相关的重点领域设置博士高科研工作站 京校十条 √ 高等学校科技成果处置权管理改革 √ 高等学校科技成果收益分配方式改革 √ 建立高等学校科技创新和成果转化项目储备制度 √ 加大对高等学校产学研用合作的经费支持力度 √ 支持高等学校开放实验室同创新中心 √ 支持高等学校建设协同创新中心 √ 支持高等学校搭建国际化科技成果转化合作平台 √ 鼓励高等学校科技人员参与科技创业和成果转化	居留、出入境、落户 √ 对符合条件的外籍高层人才及家属，依据办理《外国人永久居留证》或2到5年有效期的外国人居留许可证； √ 拥有中国国籍的高层次人才，可免除本人国籍制约、直接完成在首都的落户 医疗、住房、配偶安置 √ 医疗，相关人才享受相应的医疗待遇，通过首都的行政部门发放合格的医疗证件，从而使其到合作的医疗单位接受诊疗。所需求的资金问题利用当下的医疗保障制度进行处理，不足的需要通过本人或者相应单位进行处理； √ 住房，创建相应的"人才公寓"、"人才住房"，为满足条件的毕业生提供1万套租赁住房；

续表

特点	政策		
	引进	培养	服务
北京中关村 体制机制真正创新	√ 集聚一批重要研究机构、研发基地、大型央企，构建创新创业基地	√ 鼓励在高等学校设立科技成果转化岗位 √ 制定高等学校学生在校创业支持办法	√ 配偶安置，解除其后顾之忧，从而更安心工作、推荐就业
上海浦东张江 "国际人才高度集聚、人才机制与国际接轨、人才政策环境更加符合国际惯例、公共服务体系和社会文化环境充分满足国际人才发展需要"的"国际人才特区"	√ 股权激励和分红 设立代持股专项资金、推动股权激励。引导一部分企业按照公司股权为标的，运用股权奖励、出售等多样化方式，或者运用与公司股权相适应的分红激励等，对重要的技术人员和企业经营管理人员进行鼓励 √ 为符合条件的留学创业人员给予创业资金资助； √ 对管辖内招收博士后或聘博士后开展创新实践研究项目的企业进行资助	√ 产学研机构合作培养高层次人才 √ 以企业为主建设联合实验室、人才实训基地；把人才培育嵌入科技创新和产业发展第一线； √ 在张江国家自主创新示范区专项发展资金中安排培育和集聚优秀人才资助资金，用于支持人才培育	居留、出入境、落户 √ 为符合《上海市吸引国内优秀人才来沪工作实施办法》规定条件的人才解决上海户籍； √ 为外国籍高层次人才和投资者提供出入境便利 医疗、住房、配偶安置 √ 医疗，为高级专家就医提供方便； √ 住房，建设人才公寓的高端人才设置来创业以及就业的高端人才设置相应住所，同时在住房、租房上给予便利和补贴； √ 子女安置，为符合条件的子女入学提供方便

续表

特点	政策		
	引进	培养	服务
江苏无锡 由"民族工商业摇篮城市"向"乡镇企业摇篮城市"向"科技创业摇篮城市"转变	减免进口税收 √ 对从海外引进的一些高层次人才，行政部门对于其税收情况进行减免； √ 满足国家政府税收政策的，对相关教学设备等不进行征税； √ 对符合条件的高新企业设定税收优惠 股权激励 √ 股权以及分红激励模式等，通过股权的激励、转让和出售等不同方法，从而高度释放股权的激励功能，提升对于高端人才的吸引能力 引才平台 √ 建设"530"创业人才大厦，成立无锡市"530"人才创业服务中心和项目促进中心，设立专门的办公场所，开辟引才引智绿色通道	大学生引育就业"技能绿卡"制度 √ 围绕急需的知识型技能人才，建立政府部门、行业企业、培训机构、考核部门、人力资源市场和大学生组成联盟的"技能绿卡"引育就业工作机制，为来锡大学生免费提供技能培训	居留、出入境、落户 √ 放宽来锡创新创业的海外高层人才工作签证和居留许可； √ 争取一定的签证名额，试行技术移民政策 医疗、住房、配偶安置 √ 医疗，为一些表现突出的人才提供相应的医疗保障服务；提供相应的医疗咨询专业人员服务，创建个体的医保账户，对治疗所需要的费用进行报销和处理等； √ 住房，2006年满足条件的海归人才回国创业的"530计划"提出，提供不少于100平方米的住房公寓； √ 子女安置，为引进人才子女提供优先、优质的受教育的优质服务和支持

续表

特点	政策		
	引进	培养	服务
武汉东湖 人才全链条支持"引进+培养+服务",从税收、培养、平台、居留、落户等方面,注重人才个体的"获得感"	减免进口税收 √ 对新组织的关键成员、科技领先人才等,对创新个人所得税的税率,同时按照人才设置相应的税率模式,给予相应补贴,从而促其更好地实现创业 引才平台 √ 设立海外留学人才联络处、建立"东湖高新区人才公共服务网",鼓励社会人才中介机构推荐引进,通过组织海外招聘活动、"海外高层次人才东湖行"活动引进人才	优秀高层次科研人才培养计划 √ 建设企业博士后科研工作站; √ 强化与全球范围内知名大学、高等学府、科研单位等相应的合作,推进人才的培养平台; 立人才国际化培养平台 √ 推荐担任国家和省重大科研项目、重大科研课题的主要责任人和首席专家等	居留、出入境、落户 √ "人才项目专员服务"计划,给国家人才计划、省"百人计划"等入选者创办的企业配备人才服务专员

资料来源:笔者根据各重要城市园区公布的政策内容进行整理所得。

第三节

政策效应驱动人力资源向人力资本转化机制

从前面分析的中央和地方人才政策来看，所有政策均有一共同特点，那就是通过政策实施来加速人力资源向人力资本转化，其实质在于增加人力资本规模、发挥人力资本作用，最终通过人力资本的加速积累来促进区域经济增长。因此，在这种情况下，政策是驱动人力资源向人力资本转化的主要动力。从具体方式来看，主要是通过增加人力资本投资来实现转化。

一 人力资源向人力资本转化的重要意义

（一）经济方面

人力资源属于较为原始的资源投入，人力资本与之相比则不仅可以促进经济总量或人均经济总量的增长，而且可以推动经济结构优化以及促进产业升级。

1. 人力资本是生产过程中必不可少的投入要素

20 世纪 80 年代，经济学家在构建"增长模型"与"发展模型"时，将人力资本看作经济发展的重要内生变量，提出人力资本为未来发展体系中非常必要的投入元素，进而衍生为内生经济增长理论，基于人力资本的视角深刻分析了经济发展会形成一定程度的"溢出"效应，正规教育所形成的资本可以形成显著的"内生效应"，此类影响因素是未来经济发展为良好增长的必要条件。除此之外，人力资本投资有助于提升整体的边际产出效率，进一步提升整体生产程序中的产出效率，形成较为理想的递增收益。巴罗与马丁①在分析中提出，人力资本投资的提升，有助于控制物质资本所出现的边际生产率降低的趋势，有助于抵消物质资本边际产出递减所形成的消极影响。该理论可以应对"索洛增长余值"之谜，也彰显了人力资本所产生的巨大影响力。

2. 人力资本推动科学技术进步

现代经济增长理论认为，长期经济增长具有三个关键影响因素：资本积累、人口增长和技术进步。其中，资本的概念由原来的物质资本，扩展到也包括人力资本，而将教育作为人力资本的代表。人力资本对经济的增长作用主要体现为两个途径：第一，人力资本作为生产要素之一，直接对经济增长发生作用，比如扩展的索洛模型；第二，人力资本作用在科技进步或者全要素生产率上，即内生经济增长模型。而人力资本是科学与技术进步的主体和重要源泉，人力资本不仅具有生产要素的功能，同时还具有科学与技术发明的创造功能。任何科学和技术都是人创造的，所以科学技术人员被称为"研究与开发能力"，这种科研与开发能力正是人力资本存在的重要形式。同时，人力资本是技术扩散的必要条件。技术扩散过程实际上是人力资本形成过程，人力资本存量越大、质量越高，技术扩散范围越广，扩散速度越快。实证表明，发展中国家要想从跨国公司的技术溢出效应中获利，人力

① 〔美〕罗伯特·J. 巴罗、〔美〕夏威尔·萨拉－伊－马丁：《经济增长（第二版）》，夏俊译，格致出版社，2010。

资本水平是一国技术吸收能力的关键。而且人力资本的流动和聚集不仅提供了高级劳动力市场，而且其知识及技术溢出效应可以使聚集企业的生产函数好于单个企业，进而导致企业区位选择的聚集及产业集中。此外，人力资本是技术应用的基础，是技术应用的先决条件。机器设备越新，其使用者的受教育程度越高，越是在"研究与开发"密度大的产业，这种关系就越显著。这个发现可以证明人力资本与技术应用之间的密切关系。数量更多的人力资本投入，不仅有助于提升整体的生产效率，对后续的经济增长提供可靠的支持，同时也有助于加速科技发展，间接加速经济体系的发展。

3. 人力资本投资能够提高人的知识存量

知识收入效应有助于形成更为理想的生产力与分辨力，可以把握好投资收益的重要发展机遇。在当代的生产体系中，普通工人与优秀企业家所具备的人力资本、实际产生的作用有着显著的差距，而有着丰富经验的熟练工，相较于参与机械化工作的工人来说，其实际创造的价值也有着显著的差异。知识存量水平的提升有益于更新后续的思想观念，对于加速整体的经济发展有着重要的价值。

（二）社会稳定和进步方面

人力资源和人力资本所产生的转化机制，从某些方面来分析，可以发现这是契合社会稳定与进步的客观需求。人力资源作为资源体系中能动性最强的构成因素之一，首先体现为实体性资源，而且也是渗透性、运营性资源体系中的关键构成要素。其转化为人力资本代表着已在生产力体系中产生一定的影响，在作为实体资源开发价值的过程中，也持续提升自身的综合素养，加速科技水平的发展，聚集与传输各方面的信息，更好地管理与协调各方面系统的运转，确保系统的运转效率持续提升，带动经济体系的全方位增长。在新的社会主义市场经济环境中，劳动者唯有依靠市场转让自身的人力资源，并将其转化成人力资本，换而言之即进行就业，方才可以获得劳动收益，解决自身的消费需求。充分就业一方面是经济发展的必要条件，同时也是社会稳定的重要条件，社会的稳定又有益于经济体系的发展。

促进人力资源向人力资本转化，加快生产力体系的高效运行，劳动人员能够给社会带来更为充分的剩余劳动，这是社会深入发展的物质前提。剩余劳动率的高度，体现了社会文明发展的状态和所对应的程度。在社会主义环境下，民众对于资本主义的剥削十分仇视，对于提升剩余劳动率表示认可。

人力资源转变成相应的资本后，能够给公司带来价值，也才能加快社会以及经济的发展。我国人口众多，高校毕业生源源不断，属于人力资源大国，但是与人才强国还有很大差距。在新时代，如何促进人力资源到人力资本的转化还需要认真加以思考。

（三）人才有其价值实现的必要性

人力资源朝着人力资本的转变是双方具备的属性和特征所决定的。前者是潜在性质的人力资本，是构成人力资本的重要前提，当人力资源达到了价值的增值效果后，才变成真正意义上的人力资本。不过人力资源的数目、质量状况直接影响到人力资本的组成状态。将人力资源转变为人力资本，其重中之重在于怎样将资源上的优势转化为资本上的优势。资源想要转变成财富，实现增值的效果，需要充分流动起来，要在市场的环境下才能实现这样的跳跃和发展，才能获得其真正的价值。在市场经济的环境下，只有经过市场才可以实现资源、资本之间的转化，借助这个中间渠道才能转变成为现实，此时人力资源才可以变成实际的生产力要素进而发挥出生产财富的功能，相反则仅仅形成对于资源的消耗，进而对生产力的提升和发展带来负面影响。

二　人力资源向人力资本转化的方法：人力资本投资

根据人力资源理论，人力资本对经济增长的价值超过了物质资本，同样对其进行投资而对社会经济的提升效应也大于物质资本的表现。无论是理论还是社会实践都告诉我们，在制度以及技术保持一致的场合中，将更充分的资源运用到人力资本上能够带来更丰富的边际收益，这是投资到其他领域所无法获得的效果。同时这种投资效益会表现为持续提升的态势，即边际收益递增。

马歇尔在研究中认为，对于全部形式的投资而言，价值显现最为充分和显著的就属于对于人的投资。① Schultz 在研究中阐述，人的知识以及技能同样可以划分到资本的范畴，而经济实现的增长和发展需要基于人力资本的投资才能实现。他认为在该领域的投资重点内容为：人们在学校阶段接受到的常规教育、企事业单位工作人员所进行的培训、健康领域的投资费用等，是一个整体

---

① 〔英〕马歇尔：《经济学原理》（上册），商务印书馆，1965，第 125 页。

的有利于改善人力质量的花费成本总量。① 贝克尔②提出，人力资本投资即为积极增加未来货币的心理与实际收入而扩大对"人"这种资源投入的行为，并认为人力资本关注的是怎样通过投资来让人的实际能力、技术和专业水平等实现提升，在让个体取得收益的同时能够创造和形成更大的价值。他认为这里的投资应该含有学校义务教育、高等教育、公司的培训、社会的普遍性教育宣传等不同形式。沈晓娇提出，在根本层面进行分析，这种投资属于一种生产性的投资，在对社会经济发展的积极价值上分析，其所取得的积极效果显然超过了物质资本投资所带来的正面效果。③

　　当代在人力资本领域，主要对教育、健康方面的投入展开研究，进而发展为以教育、健康为重点的相关投资理论。如秦元芳等提出人力资本的发展和创建有赖于教育，因此在教育领域进行投资是人力资本构成的重要之处。④ 一般情况下，人的健康状况与其得到高等教育的机会成正比，因受教育水平的提升而形成的回报率也会增加。近期以来，很多研究人员逐渐在人力资本投资的构成方面展开分析。国家经济发展阶段存在差别，人力资本对经济带来的影响同样具有差别。李红霞等学者提出在农业时代，人力资本投资重点为体力方面的投资，从而基于此形成劳动力资

① 　T. W. Schultz, "The Value of the Ability to Deal with Disequilibria," *Journal of Economic Literature* 13 (1975), p. 828.

② 　〔美〕加里·斯坦利·贝克尔：《家庭论》，王献生、王宇译，商务印书馆，2005。

③ 　沈晓娇：《人力资本投资与中国经济增长》，《经济研究导刊》2011 年第 1 期，第 119 ~ 120 页。

④ 　秦元芳、张亿钧：《论人力资本投资对经济增长的作用》，《经济问题探索》2005 年第 10 期，第 91 ~ 94 页。

本，工业时代后，要对岗位人员的知识和技能进行培训，从而逐渐将技术的优势发挥出来，现在已经步入知识经济时期，该领域形成的投资需要集中在知识、创新等方面，进而发展为创新人力资本。[1] 徐孝民提出伴随当下我国正在大力建设创新型国家，科研领域的投资可以催生更多的高端人才，加强生产技术的研究，将投资吸引到科研项目方面。[2] 段龙龙（2012）重点研究了人力资本存量、科技研发投资对我国经济发展的作用。[3]

结合当下该领域的研究我们能够观察到，人力资本是对劳动力投资而获得的，其包含的内容十分丰富。广义层面，能够提升从业者素质、技能等方面水平，有利于改善人的身体健康状况，提升技术能力的相关活动都能划分到这一范畴。基于此，本书对于人力资本投资做出如下定义：经过在教育、健康以及科研等领域对人的投入和储存，进而获取聚集于人本体的存在经济价值的健康、知识等整体能力的集合，可提升劳动人员整体素质，改善身体状况，实现经济的快速发展。

据此，可将我国对人力资本的投资分为三大类（教育人力资本投资、健康人力资本投资和科研人力资本投入）来具体描述。

（一）教育人力资本投资

在教育方面的投资（教育投入），通常是指国家或地区在教

① 李红霞、席酉民：《创新型人力资本及其管理激励》，《西南交通大学学报（社会科学版）》2002 年第 1 期，第 47～51 页。

② 徐孝民：《高校科研项目人力资本投入补偿的思考——基于科研经费开支范围的视角》，《中国软科学》2009 年第 12 期，第 32～38 页。

③ 段龙龙：《人力资本存量、R&D 投资与中国工业增长转型》，《科学决策》2012 年第 3 期，第 44～60 页。

育方面所投入的资金、人力和物力等的总和，其对提升一国或地区的公民素质和科教文卫事业的发展具有重要的基础作用。教育本身因其具有的公共性质决定了需要国家或地区对其进行直接、大量的投资支持。对于投资的使用分配上，因主体和内容的不同一般可分为教育经费和教育基建费用，前者主要指教职工的工资、学生的奖助学金等，后者则包括了学校基础设施建设和大型设备的采购等。

但对教育的投资额并不是固定的，它主要会受到经济发展水平的直接影响。在经济水平逐渐提高的背景下，对教育的投资也在持续不断地增长。主要原因在于，首先，人民日益增长的物质文化需要随着社会经济发展水平的提高而不断增加，公民对文化、知识的需求越来越高，各个经营实体和单位需要大量的高端人才，所以必须为了培育优秀的社会建设参与者和劳动力，相应提高在教育方面的投资额度。其次，经济的增长意味着国家和国民财富收入的增加，从而能够不断加大向教育领域倾斜资金。本书以研究国家财政性教育投资对经济增长的影响为主。但不可否认的是，伴随着教育革新的推进，家庭成为教育投资的生力军。除此之外，对教育的投资还有时滞性、生产性、收益递增和正外部性等诸多特性。时滞性是指，在对教育进行直接投资时，并不会带来直接的经济收益，其带来收益需要转换的过程，也就是说教育投资对经济产生的影响往往在较长一段时期之后才能显现出来。但这在另一个角度反映了教育投资同样具有生产性的特点，这种生产性并非复制原来的生产过程，而是对生产的不断改进甚至是变革，以对社会诸多方面产生影响，为教育投资的外部性。

教育投资的结构分类有多种形式，最为简单的分类方式就是以初等、中等以及高等教育这一层级角度进行分类。在对这一分类结构进行比较的时候，需要对其分配的比例进行深入分析，以形成合理的分配比例。教育投资结构直接决定了国家和地区人均教育培养经费，只有跟上国家经济发展的步伐，科学构架教育投资方式，才能有效发挥教育投资对经济的推动作用。

改革开放以来，我国在教育的普及和促进教育公平方面做出了很大努力并取得了很大成效，主要表现在义务教育巩固率和高中阶段毛入学率的不断上升。到 2011 年底，我国全面实现义务教育阶段免费入学的目标。从 2002 年到 2014 年，学前教育三年的毛入园率从 36.8% 提高到 67.5%，高中阶段毛入学率从 42.8% 提高到 86.5%。资金方面，全国财政性教育经费占国内生产总值比重于 2012 年首次达到 4%，这是我国教育工作推进历程中的标志性事件。现在中国劳动年龄人口平均受教育年限达到 10 年，新增劳动力平均受教育年限达到了 13 年，前者高于世界平均水平，后者已接近中等发达国家平均水平。根据世界可比较的标准计算，2010 年我国教育发展水平在全世界、OECD 国家、中等收入国家、G20 国家、发展中人口大国中排名分别为第 59、34、22、13、2 位。总体来看，我国教育事业水平领跑发展中人口大国，位居中等收入国家前列，仅略低于高收入国家。

但在教育改革过程中，我国的教育投资结构仍然存在一定的问题，政府投资始终是教育投资的最主要形式。教育经费的筹措机制同样如此，表 5-4 反映了 2012~2016 年我国教育经费情况。

表 5 - 4　2012～2016 年我国教育经费情况

单位：亿元

年份	合计	国家财政性教育经费	民办学校中兴建者投入	社会捐赠经费	事业收入	其他教育经费
2012	28655.3	23147.6	128.2	95.7	4619.8	664.0
2013	30364.7	24488.2	147.4	85.5	4926.2	717.3
2014	32806.5	26420.6	131.3	79.7	5427.2	747.8
2015	36129.2	29221.5	188.7	87.0	5810.0	823.4
2016	38888.4	31396.3	203.3	81.0	6276.8	931.0

资料来源：国家统计局官网。

从表 5 - 4 中大致可以总结出我国教育经费来源的三个特点。第一，教育经费的总数随时间推移而不断增加，2016 年达到 38888.4 亿元，是 2000 年 3849 亿元的 10 倍多，可见我国对教育投资的重视程度不断提高；第二，教育经费的来源以国家财政性教育经费投入为主，表明我国在教育经费投入方面很大程度上依靠政府的支撑；第三，经费来源也呈现一定的多元化趋势，其他对教育进行投资的主体中，民办学校投资者、社会捐赠、企事业单位的投资以及学校自筹等逐渐成为我国教育经费的重要来源。

20 世纪 90 年代末，在"高等教育大众化"逐渐落实的背景下，全国各地的高校都开始了不同规模的扩招，从而加速了我国高校的发展进程。截至 2017 年 5 月底，我国的高等学校共计 2914 所，比上年增加了 35 所。高等学校招生总人数超过了 650 万人，我国的高等教育规模占世界的比例达到了 20%，人数总量近 3800 万人，稳居世界第一位。高等学校的毕业生，既是经过教育投资后可直接获得收益的群体，同时也是将教育投资转化为现实生产力的重要群体。2016 年，高等院校毕业人数 756 万人，中等职业教育毕业生也超过 500 万人，高等院校毕业生走向社会直接提高了我国社会中劳动力的平均水平。教育部表示，我国目前新增劳动力的平均受教育年限已经超过 13.3 年，这些新增劳动力的受教育程度已经接近一年级大学生的水平。显而易见，我国教育事业的快速发展，能够为社会持续快速发展提供动力。

我国《教育法》对国家财政性教育经费的要求是其比例应当同我国经济发展水平和财政收入水平实现同步增长。事实上，自改革开放以来，我国在教育方面的投资总量及其占财政收入的比重的确是逐渐增长的，从表 5 - 5 对 2000 年到 2016 年这 17 年间我国教育投资总量、GDP 以及国家财政性教育经费方面的数据整理就可以看出这一趋势。

从表 5 - 5 中可以看出，在 2000 年至 2016 年的 17 年间，我国在教育经费方面的投资得到增加，由 2000 年的 3849.1 亿元增加到了 2016 年的 38888.4 亿元，每年增加的额度为 2061.1 亿元，与此同时，教育经费占所在年份 GDP 的比重也逐年增加，从 3.8% 逐渐提升到了 5.2%，具体而言，国家财政性教育经费投资额由 2562.6 亿元增加至 31396.3 亿元，占 GDP 的比重由 2.6% 逐渐上升至 4.2%，平均每年增加 1696.1 亿元，资金投入明显逐年增加。但其实在 1993 年的时候我国就已经提出了要逐步提高国家财政性教育经费支出，使其占 GDP 的比重在 20 世纪末要达到 4%。由表 5 - 5 同样可以看出，实现这一目标还是经历了很长的时间，一直到 2012 年我国国家财政性教育经费支出占 GDP 的比重才达到 4% 的要求，比预期多使用了 12 年时间。据世界银行统计，早在 2000 年，加拿大的国家财政性教育经费占 GDP 的比重已经达到 5.6%，瑞典为 7.2%，丹麦的国家财政性教育经费投资甚至超过了 8%。由此不难看出，我国在教育经费的投资上与发达国家还存在较大的差距。

表 5-5　2000~2016 年我国教育投资与 GDP 统计

年份	教育投资总量（万元）	国家财政性教育经费（万元）	GDP（亿元）	国家财政支出（亿元）	教育投资总量占GDP的比重（%）	国家财政性教育经费占GDP的比重（%）	国家财政性教育经费占国家财政支出的比重（%）
2000	38490806	25626056	100280	15886.5	3.8	2.6	16.1
2001	46376626	30570100	110863	18902.6	4.2	2.8	16.2
2002	54800278	34914048	121717	22053.2	4.5	2.9	15.8
2003	62082653	38506237	137422	24650	4.5	2.8	15.6
2004	72425989	44658575	161840	28486.9	4.5	2.8	15.7
2005	84188390	51610759	187319	33930.3	4.5	2.8	15.2
2006	98153086	63483648	219439	40422.7	4.5	2.9	15.7
2007	121480663	82802142	270232	49781.4	4.5	3.1	16.6
2008	145007374	104496296	319516	62592.7	4.5	3.3	16.7
2009	165027065	122310935	349081	76299.9	4.7	3.5	16.0
2010	195618471	146700670	413030	89874.2	4.7	3.6	16.3
2011	238692936	185867009	489301	109247.8	4.9	3.8	17.0
2012	286553052	231475698	540367	125953	5.3	4.3	18.4
2013	303647182	244882177	595244	140212.1	5.1	4.1	17.5
2014	320064609	264205820	643974	151785.6	5.0	4.1	17.4
2015	361291927	292214511	689052	175877.8	5.2	4.2	16.6
2016	388883850	313962519	743586	187841	5.2	4.2	16.7

资料来源：国家统计局官网。

（二）健康人力资本投资

1. 政府层面的投资

健康是人民最具普遍意义的美好生活需要，而疾病医疗负担、食品安全隐患、生态环境污染等则是民众突出的后顾之忧。在 2016 年 8 月召开的全国卫生与健康大会上，习近平总书记就明确提出要"将健康融入所有政策，人民共建共享"，强调"没有全民健康，就没有全面小康。要把人民健康放在优先发展的战略地位"①。同年 10 月，中共中央、国务院印发《"健康中国 2030"规划纲要》，提出"普及健康生活、优化健康服务、完善健康保障、建设健康环境、发展健康产业"五方面的战略任务。②党的十九大报告更是将实施"健康中国战略"纳入国家发展的基本方略，把人民健康置于"民族昌盛和国家富强的重要标志"地位，并要求"为人民群众提供全方位全周期健康服务"③，这表明健康中国建设进入了全面实施阶段。健康是最大的生产力。我国已进入通过提高人力资本提升全社会劳动生产率，实现人口红利从数量型向质量型转换，并助力经济和综合国力持续健康发展的新阶段。鉴于我国 14 亿的庞大人口规模，个体健康指标的改善将汇集为全社会巨大的健康人力资本提升。微观层面，对于企业而

---

① 习近平：《把人民健康放在优先发展战略地位》，新华网，http://www.xinhuanet.com//politics/2016-08/20/c_1119425802.htm，最后检索时间：2020年6月7日。
② 中共中央 国务院印发《"健康中国 2030"规划纲要》，http://www.mohrss.gov.cn/SYrlzyhshbzb/zwgk/ghcw/ghjh/201612/t20161230_263500.html，最后检索时间：2020年6月7日。
③ 习近平：《决胜全面建成小康社会夺取新时代中国特色社会主义伟大胜利：在中国共产党第十九次全国代表大会上的报告》，人民出版社，2017。

言，维护员工的职业安全和健康也是有效的人力资本投资手段，有助于提升企业生产率和核心竞争力。

在医疗改革的背景下，我国对医疗领域的投资也在不断增加。"健康中国2030"战略的实施旨在改善民生和全民健康水平的提高。2017年，我国在医疗、卫生、保健领域的总支出达到了51598.8亿元，同比增加了5000多亿元，但是在所占比重方面，卫生总支出占国内生产总值的比重却仅从1995年的3.51%上升到6.2%，只增加了不到3个百分点。

对于发展中国家，世界卫生组织给出的卫生支出占GDP的比重仅为5%，但我国在2012年才达到这个要求，同期的巴西和印度都已经达到9%，更不用说发达国家更是达到了17%左右。不难看出，我国在健康投资方面还有很长的路要走。

此外，从健康投资的规模上看，我国政府健康投资始终保持增长态势，2000年五项投资总额为2239.92亿元，2016年已增长到31274.11亿元。从1998年以来，我国政府在卫生方面的支出共增加了13000亿元，平均每年增长18.1%，所占总支出比重也从原本的1/3提高到近1/2；在污染治理方面的投资总额增加了8498亿元，年平均增长率为14.3%，占比逐年下降，到2016年的时候，仅为29.5%，这两项资金是政府健康投资中的主要部分，构成了历年近3/4的总投资额。而城环基建投资、园林绿化投资和市容环境卫生投资三项的年均增长率分别为13.9%、15.4%和10.5%，都保持着一定的增长速度，这表明政府对公共环境和基础设施建设的重视程度在增强，逐步加强生态文明建设，并有意通过加大人居环境治理的投入增加居民健康资本的存量。

2. 个人层面的投资

在个人健康投资方面，由于数据获取的限制，本部分以个人卫生支出作为衡量健康投资的主要指标，个人卫生方面的支出具体包括城乡居民在购买医疗、保健、卫生等服务时所有的支出。从改革开放至 2017 年，我国居民的个人卫生支出占其卫生总费用的比例呈现先升后降的趋势。从 2000 年的高达 60%，逐渐回落到 2017 年个人卫生总支出 1487.8 亿元，占比降低至 28.8%，虽然并不意味着总支出的下降，但其占总支出的比重下降，可以看出居民在这方面的负担在减轻。

（三）科研人力资本投入

在科研方面的投资对于提高个人的科学文化素养具有基础作用，也为科学技术的发展提供了人才保障。我国在科技创新领域取得的大量优秀成绩，得益于长期以来对科学研究的持续投入，使得科技创新能力显著增强。本部分将从科研经费投入的数量和强度、科研人员投入、科研成果的产出等几个方面来对我国的科研人力资本现状做具体分析。

1. 科研投入强度发展情况

R&D 经费投入强度对于衡量一个国家科技发展和竞争力具有很强的指示作用，R&D 经费投入在一定程度上体现了一个国家的科研水平和创新氛围。从表 5-6 1995～2017 年我国 R&D 支出中可以看出我国在研发方面的投入不断增加，这为促进我国科研实力的提高奠定了坚实的基础。

表 5-6   1995～2017 年我国科研支出总额及占当年 GDP 的比重

年份	科研支出总额（亿元）	占 GDP 比重（%）
1995	348.69	0.57
1996	404.48	0.56
1997	509.2	0.64

年份	科研支出总额（亿元）	占 GDP 比重（%）
1998	551.1	0.65
1999	678.9	0.75
2000	896	0.89
2001	1042.5	0.94
2002	1287.6	1.06
2003	1539.6	1.12
2004	1966.3	1.22
2005	2450	1.31
2006	3003.1	1.37
2007	3710.2	1.37
2008	4616	1.45
2009	5802.1	1.66
2010	7062.6	1.71
2011	8687	1.78
2012	10298.4	1.91
2013	11846.6	1.99
2014	13015.6	2.02
2015	14220	2.06
2016	15440	2.08
2017	17600	2.13

资料来源：《国家统计年鉴2017》。

2. 科研经费投入发展情况

在科研方面的投入对保障一国科技发展具有重要的作用。想要实现自主创新的国家一定要重视对 R&D 方面的投入。我国主要在试验发展、应用研究以及基础研究三个方向投入科研经费。数据显示：20 年间，三个方向的支出和 R&D 经费内部总支出均在逐年提高。具体数据：科研支出总额从 1995 年的 348.68 亿元提高到 2016 年的 15676.74 亿元，年平均增长率约为 19.87%，

增长了 44 倍；试验发展支出从 1995 年的 238.60 亿元提高到 2016
年的 13243.36 亿元，年平均增长率约 21.08%，增长了 54.5 倍；
应用研究支出从 1995 年的 92.02 亿元提高到 2016 年的 1610.49
亿元，年平均增长率约 14.6%，增长了 16.5 倍；基础研究支出从
1995 年的 18.06 亿元提高到 2016 年的 822.89 亿元，年平均增长率
约为 19.94%，增长了 44.6 倍。可以看出，试验发展支出在结构比
重上占我国 R&D 经费支出的主要地位，应用研究支出和基础研究
支出则占比较少。以 2016 年为例，总支出中试验发展占 84.5%，
应用研究占 10.3%，基础研究占 5.2%（见表 5-7）。

表 5-7 1995~2016 年我国 R&D 经费内部支出发展分布情况

单位：亿元

年份	科研支出总额	基础研究支出	应用研究支出	试验发展支出
1995	348.69	18.06	92.02	238.60
1996	404.48	20.24	99.12	285.12
1997	509.16	27.44	132.46	349.26
1998	551.12	28.95	124.62	397.54
1999	678.91	33.90	151.55	493.46
2000	895.66	46.73	151.90	697.03
2001	1042.49	55.60	184.85	802.03
2002	1287.64	73.77	246.68	967.20
2003	1539.63	87.65	311.45	1140.52
2004	1966.33	117.18	400.49	1448.67
2005	2449.97	131.21	433.53	1885.24
2006	3003.10	155.76	488.97	2358.37
2007	3710.24	174.52	492.94	3042.78
2008	4616.02	220.82	575.16	3820.04
2009	5802.11	270.29	730.79	4801.03
2010	7062.58	324.49	893.79	5844.30

年份	科研支出总额	基础研究支出	应用研究支出	试验发展支出
2011	8687.01	411.81	1028.39	7246.81
2012	10298.41	498.81	1161.97	8637.63
2013	11846.60	554.95	1269.12	10022.53
2014	13015.63	613.54	1398.53	11003.56
2015	14169.88	716.12	1528.64	11925.13
2016	15676.75	822.89	1610.49	13243.36

资料来源：《国家统计年鉴》。

这一结构不均衡现状出现的主要原因在于企业对新产品更加喜好，因为新产品的研发对其经济效益具有直接的影响，因而增加了试验方面的投资。但是，这些方面的投入对于基础研究的发展并无积极作用，所以对基础研究的投资以及应用研究的投资是政府应该重视的方面。就经费来源而言，我国 R&D 经费主要有四个方向的来源：政府方面拨发的资金、企业在科研方面投入的资金、国外投入和其他资金。企业资金占比越来越高，2005 年企业资金占67%，到 2016 年增加到 76%，增加了 9 个百分点；政府拨发的资金在其中的比重有逐渐降低的趋势，例如，在 2005 年的时候，政府拨发的资金在所有资金中占 26%，而到了 2016 年，这一比例则降到了 25%；国外资金比较稳定，基本上保持在 1% 左右；其他资金所占比重逐渐降低，由 2005 年的 6% 下降到了 2016 年的 3%。

第四节

本章小结

本章主题为我国以及中关村人才政策经验总结与分析。本章从我国人才政策的发展历程入手，着重讨论了我国自改革开放以来对人才的重视程度不断提高，人才政策也日益完善，促进了我国人才的培养和引进，尤其是进入新时期以来，我国对人才的重视尤其是对创新创业人才的重视程度日益提高。在我国人才政策日益完善的背景下，各地也不断发展和完善当地人才引进和培养政策。之后，本章简要对比了国内几大城市与中关村人才政策和培养措施方面的差异，主要包括中关村与上海浦东张江、江苏无锡以及武汉东湖的人才政策，发现中关村人才政策体量最大、内容最全，优于其他地区的重点依然是在人才的培养方面。当然，中关村人才政策方面也有一些需要改进的地方，比如：过于重视海外人才而轻于对本地人才的引进、过于重视对精英的引进和宣扬而疏于对草根人才的重视；某些政策方面原则性过强，实施上有难度；在服务方面的经济投入着实客观，但在其他周边服务上有所欠缺；等等。这些问题的存在需要一定的配套措施和较长的时间才能最终解决。

而无论中央还是各地的人才政策和措施，产生效用的关键在于其能否促进人力资源向人力资本有效转化。从而本章最后部分论述了我们应当明确人力资本转化在经济、社会稳定和进步，以及人才价值实现必要性中的作用，做好人力资本转化中具有重要作用的教育人力资本、健康人力资本以及科研人力资本投入。目前，我国在教育、健康以及科研人力资本方面的投资逐年增加，在部分领域的投资已经达到或超过发达国家的水平，但是在多数方面仍然低于发达国家乃至低于世界平均水平，因而继续增加对人力资本的投资依然是我国实现人才强国目标的重要举措。

第六章
人力资本与区域经济发展关系优化路径

北京社会经济的快速发展很大程度上得益于首都的政治优势，并且在这一优势的带动下，北京集聚了全国的优质资源，大量优质产业、金融、医疗、教育等资源，对人才具有很强的吸引力，从而大量人才在此聚集。人才的集聚是北京社会经济发展的最直接原因。近年来，北京为创新创业提供日益完备的组织服务，并不断健全人才相关规章制度及优惠政策。但是除去政治等因素，北京在服务创新创业人才工作中存在的一些问题，也导致其在与各地的"人才大战"中流失了大量人才。本书通过对北京，重点对中关村科技园区的创新创业人才及企事业单位相关人员的调研访问，对其较为关注、事关其经营活动以及影响其效能发挥的诸多要素进行了梳理归纳。在梳理国内外既有人才政策和中关村人才政策不足的基础上，从各相关影响因素入手，提出相关对策建议，这对于尊重人才的主体性，提高我国、北京和其他区域的人力资本转化，促进人力资本效能的充分发挥，带动区域经济发展以及缩小、平衡人力资本在区域经济发展差距方面具有积极的现实意义。

第一节

国外经验借鉴

一 科技创新人才用才之道——善用激励政策

（一）公平的评价机制

评价机制的公平是实现激励人才的基础手段，也有助于科研资源合理配置的推进和实现，从而为人才资源合理调度提供条件。就世界主要发达国家而言，英国的许多企业已形成较为完善的科技评价体系并配有严格的科技评价制度，这就为评估结果的公平性提供了保障。首先，英国制定了灵活的科技人才政策与战略，英国科技人才政策的一个明显特点是不限制科技人才的自由流动，而在创造科技人才回流和创业上下功夫。为了有效吸引外来科技人才，英国这几年对外来移民的工作许可证制度进行了相关调整，重点在于放宽外国技术移民的法规限制。英国对科技人才资源开发的政策主要集中于高等教育和继续教育两个方面。在科技人才的使用方面，英国主要以科技人才使用的产学研一体化为主要指导方针，鼓励大学与公司合作。其次，英国建立并完善了科技人才评价体系，在关于大学科研评价的过程中，会按照科研绩效把大学分成若干等级，将评价方法、程序和结果对外公开，并接受各主体的监督，从而增强大学科研评价的科学性、公正性、透明性，也有利于政府对高等教育的战略发展等问题进行更深入的思考。英国高等教育科研评估的特色就是透明度高，采用定性与定量相结合的方法，既重视数量也看重质量。让评估的过程和结果透明化，这样可以增加评估的可信度①。

　　而日本的企业重视对开放型研究评价体制的应用，对评价活动的过程予以规范，同时将评价的结果公开，为合理使用提供便利。日本企业积极参与学校的人才培养，为培养适应驱动创新的科技人才提供了实践场所、实验设施和资金支持。日本企业与学校的合作研究和合作培养已经形成横向培养的官产学一体的人才培养机制。首先，在硬件方面，日本企业为学校的研究生教育提供了"工业实验室"，其成为理工科研究生教育的主要基地和科研中心，同时配置以大量的科研经费。据统计，日本企业对科技的投入相当于政府对科技投入的一半。日本企业还通过在海外设立研究院、研究所和实验室，直接在海外培养适应驱动创新的科技人才。其次，在软件方面，日本企业为高校的科技类人才提供了科研实验的机会。企业与高校的科研人才签订兼职合作协议，从高校引进适应驱动创新的科技人才，提高企业的创新能力和研发水平。日本的企业吸纳了日本50%以上的科技创新人才，为这些优秀人才提供了就业机会，解除了日本适应驱动创新的科技人才培养的后顾之忧。日本的科技型企业为这些适应驱动创新的科技人才提供了交流和相互学习的机会，尤其是师徒制在其中发挥

---

① 李映、张向前：《英国适应创新驱动的科技人才发展机制对中国的启示》，《科技与经济》2017年第1期，第77～80页。

了重要作用，师徒制对显性知识和隐性知识的转移有利于日本适应驱动创新科技人才的知识传承。

（二）丰厚的科研荣誉奖励

科研荣誉奖励的设立为鼓励科技创新提供了最简单、最直接的激励手段。世界上大多数国家都有科研奖励（包含对科研工作者的荣誉和资金奖励）。以美国和德国为例，美国国家科学基金会设立了多项科研荣誉奖励，例如"总统工程创造奖"和"总统青年科学家奖"等。美国的科研奖励主要是对科技人员已做出科技贡献的肯定和奖励，获奖后没有与职称评定、职务晋升相挂钩的政策。奖励形式也具有多样性，一般政府设置的科研奖励多侧重于精神奖励，没有奖金，是一种荣誉的象征。比如，美国国家科学奖和美国国家技术与创新奖都没有奖金，只授予奖章、证书和荣誉，一般由总统亲自颁发。但是，在社会力量设奖中，一般都会有不同额度的奖金，如美国国家科学院 35 项奖项中的奖金额度为 2 万～10 万美元，美国国家工程院 5 项大奖中有 4 项奖励（包括戈登奖、拉斯奖、德雷珀奖、创业者奖）奖金高达 50 万美元。而美国科学促进会各奖项一般为 5000 美元。其奖金来源多为个人、企业和社会团体捐赠或资助。除奖金外，有些奖项还额外配给一定的资金支持用于项目的进一步研究。

德国联邦政府在鼓励科技创新方面，设立最高奖金为 500 万欧元的"国际研究基金奖"，旨在表彰和激励所有在德国工作且为科学做出重大贡献的各学科优秀、伟大的科学家，并且为获奖者在德国高校未来 5 年的研究活动提供研究内容和基础支持，总之，为每位获奖者提供最优质的外部条件，以激励其实现更多的科学创新。

（三）灵活的薪酬激励机制

提供高薪、红利、配股等复合式的资金回报是现代市场经济条件下最为常见且有效的激励方式。英国政府与皇家学会会同沃尔夫森基金会，每年都会拿出 400 万英镑用于帮助研究院聘请世界最顶尖的科研人员。而在美国，其一流大学中的教授，得到的平均年薪大约在 15 万美元。可见，给科研人员发放高额工资，提供优质福利事实上占据了科研经费的大部分比重。同时，部分大学明确规定教授每年还可从科研经费中获得接近于 3 个月工资的报酬。芬兰在激励人才方面的主要做法是对掌握先进技术的优秀外籍科研人员实行特别税率制度的政策，其征税率为 35%，尽管这一比例看起来比较高，但是与该国所得税的最高税率（60%）的标准相比的话，则是很低了。

德国法律规定，高校和主要科研机构的教授、科学家都属于公务员序列，实行酬劳与业绩挂钩的薪酬体系，虽然教授的工资比不上企业高管，但也足以维持其体面的生活。在科研活动中，科研项目各财务科目之间没有明确的比例规定，但人员费占项目总经费大体在 60%，也有些项目人员费甚至占到 80% 左右，体现了对人力价值的重视。项目负责人在经费配置、人员聘用等各个方面有很大的自主权。在对科研人员从成果转化中获取报酬和奖励方面，德国《雇员发明法》比较详细地规定了对发明人的报酬计算方式及数额。需要指出的是，全职在编人员不得从项目费中领取任何形式的报酬。此外，德国还有各类科技奖项 500 多项，其中多数设有奖金，这些奖项大多会对奖金使用设定一些限制，获奖人不能随意支配，奖金只能用于项目研究，不能用于个人消费。但也有些奖项如索菲亚·卡瓦列夫斯卡娅奖，奖金除用于研究项目支出外，还可以用于获奖人及其团队工资。

二 吸引海外人才的政策

孙中山先生曾经提出，"治国经邦，人才为急"。一个国家的发展离不开对人才的培养，人才是国家向前发展的核心力量。党的十八大以来，习近平总书记把科教兴国、人才强国和创新驱动发展战略摆在国家发展全局的核心位置，高度重视人才工作，提出一系列新思想、新论断、新要求。综合国力竞争归根到底是人才竞争。哪个国家拥有人才上的优势，哪个国家最后就会拥有实力上的优势。大力引进海外人才，是实现国家经济发展的需要。经济的发展需要资金、技术、人才、资源、市场、基础设施等全方位的支撑，人才的支撑是必不可缺的。我们必须立足当前、放眼长远，坚持人才开发，同时完善相应服务体系拴心留人，确保引进的海外人才留得住。在对国内文献梳理过程中，郑永彪等的研究认为世界上的发达国家，如美国、日本、英国、德国和法国等通过出台和完善相关法律、政策和人才战略，采取多种有效措施，成功招揽到世界范围内的优秀人才为本国的国家战略服务。[1] 但现阶段，我国的海外人才流失问题较为突出，这主要是与硬环境和软环境建设滞后有较大关系。我国要想在海外人才的争夺战中取得优异成绩，必须重视吸引海外人才的法律建设、相关制度完善、环境改善、体制和机制改革创新等方面的工作，付诸实际行动以在海外人才争取方面

---

[1] 郑永彪、王丹：《世界主要发达国家农村养老保险制度的比较和借鉴》，《许昌学院学报》2015年第4期，第126~129页。

占据优势地位。在改革开放之后的较长一段时期内,我国一直是人才流失严重的国家之一。不仅如此,我国在海外人才的吸引和服务条件的完善方面存在很多不足,具体包括:人才引进和制度建设不足,不利于海外人才向心力的形成;科技创新环境较差,不利于创新活动的开展。而海外人才大规模回国的条件也并不是很完备。

自进入 21 世纪以来,美国为做好人才培养和维护等方面的工作,相继修订出台了《美国竞争力法案》《加强自然科学、技术、工程学及数学教育法案》等大量涉及国家未来科技人才发展规划的重要法案及政策。通过分析这些法案和政策,可以发现其涵盖的主要内容和呈现的主要特点。一是政府通过制定和完善相关的移民政策为急需的高质量人才开通绿色通道(有专门服务于高端人才的移民政策并引入外侨登记卡制度,以及国会不断修订短期工作签证政策等)。二是政府不断设立各种基金、援助计划奖励高素质人才(美国政府设立专项基金,扶持尖端人才短缺的高科技行业,加强海外人才的引进,并帮助完善这些行业的福利待遇;通过国家间合作利用别国高端人才等)。三是继续增加对海外留学生的吸引力度(包括引入公费资助的留学项目,大学设置众多的奖学金、助学金和优惠贷款项目,旨在吸引世界各地最高质量的人才;为应届外国留学生申请办理一年的滞留工作签证;聘请外国专家充实科研队伍)。四是重视猎头产业的发展,充分发挥猎头产业在落实国家人才战略、吸引优秀人才方面的积极作用。

日本对优秀人才的引进工作十分重视。自 2007 年以来,日本大幅度开放接收海外留学生,即便是在经济危机时期,政府顶住来自各方的压力,仍坚持在 2008 年公布了"30 万留学生"

计划。同时，通过诸多措施，包括法律法规的制定和修改——
延长居留期限（由原来的最长期限 3 年延长为 5 年）、提供就业
机会、采用特殊税率以及提供完善的服务措施等为留住人才创造
条件。众所周知，各国所派遣留学生在学习、科研、创新方面都
表现突出且优异，日本和企业都迫切希望引进高精尖人才，并积
极与这些优质人才建立长期合作关系，以促进本国科技事业的进
步与发展。"人才积分优惠制度"是日本在 2010 年公布的"新成
长战略"的主要内容，旨在通过各种优惠制度在全球范围内吸引
优质人才，推进日本经济的繁荣和发展。在此之前，一些外籍
技术性人员文化水平不高、工作经验不足，不能成功取得日本
的工作签证。"新战略"的出台实施很好地改善了这一现状。
"新战略"中提及《对于海外高质量人才积分制的优惠制度基
本方案》（以下简称《方案》），为符合人才引进标准的从事专
业技术、学术研究、经营管理工作的海外人士等高级人才发放
签证。《方案》包含以下内容。一是酬劳。现阶段，达到日本
对高级人才认定标准的人才，年薪能达到 300 万 ~ 400 万日元，
但相比于日本本土高级人才的薪酬（每年应该保持在 1075 万日
元左右），外来的高级人才的薪酬水平要低很多。二是学历。有
关人才的学历背景往往不是日本企业引进人才的关注重心，日
本企业更倾向于以工作内容为标准，评估工作人员的工作态度
和能力。有些日本企业在面对拥有高学历的应聘者时，并没有
给予其过多的关注和优待，基本以国内实际的劳动力市场和就
业状况为硕士、博士等高学历人才分配积分。三是职历。对具
备一定职业经验的技术和经营管理等方面的海外人才，工作时
间满 3 年，允许给予评价。四是有关研究成果等。符合积分制
标准的海外人才，通常可以获得在日本生活居留的权利。对海

外高级人才而言，可以享有最多 5 年的在留权。外国人向日本政府申请永久居住权，必须在日本生活满 10 年，现在期限缩短为原来规定的一半。对于携带家庭成员的海外人才，能为其配偶提供在日本工作的机会。"积分制"不仅对人才输出国提出了相对具体的要求，也提供了外国人才在留学期间变更在留资格时需要参考的标准。依照"积分制"，留学生可以凭借自身的努力奋斗，获得申请该国永住权的资格。此项引进海外人才的战略涉及多个领域，包括自然科学、通信工程、环境保护、新材料技术、制造装备等。

进入 21 世纪以来，德国立足本国实际发展需要，积极制定了一系列有关吸引海外人才的政策制度。主要包括以下几个方面。第一，完善并实施新的移民政策，有选择性地吸引高质量人才移民入境；第二，完善奖金激励制度，保障高层次人才生活质量；第三，加大"赢取大脑"工程的资金投入，以稳定和吸引高层次的科技人才。

自 20 世纪 90 年代以来，随着各国技术竞争的逐渐激烈，英国为了保持本国的技术竞争力，大量吸引海外高质量人才，2002年英国制定实施了"高技能移民计划"，旨在吸引高层次人才，工作期限最长可达 4 年。2003 年的政府报告中，英国的"高技能移民计划"被誉为英国为促进经济发展、吸引世界各地高质量人才的"旗舰"计划。2009 年因为受全球金融危机的影响，英国立足市场的发展变化，积极对该项计划做出调整，主要集中在准许移民标准方面，要求申请人必须具备硕士学历以上的文凭，2010年，该计划又进行了新的整改，主要内容是取消原计划当中有关学历的要求和限制，但在各学历层次的收入标准方面做出了新的调整，主要是提高了相应的标准。

　　法国吸引外来人才的主要做法是通过新的移民法和建立国家级归国奖励基金，吸引海外人才和归国人才。新移民法激励海外人才定居。该法规定，外国人只要在法居住满 5 年，能够熟练使用法语交际，并拥有稳定的职业和收入，即有资格向有关部门申请长期居留证，可见其移民要求并不高。为了更好地推动人才引进工作，增强吸引人才的工作效率，2006 年 7 月，法国颁布和完善了有关移民法国的法律，申请"优秀人才居留证"成为法国招纳高质量海外人才的新方式。移民法律中明确规定：在符合法律规定的基础上，除了欧盟成员国以外的其他国家的优质人才都可以申请，包括优秀毕业生、科研人员、企业家等。申请人按照该法律规定向法国驻本国使馆递交申请材料，由使馆工作人员依照法律进行审核，规定审核期限为 30 天。对于生活在法国领土内的外国人士，可以直接向警察局申请。在符合法律规范的基础上，申请人可以顺利申请到"优秀人才居留证"。该证的有效期为 3 年，到期后允许继续申请。同时获得该居留证的外国人还能享受许多福利，例如持证人的配偶、子女等亲属可以随持证人一起来法国生活、工作和学习。2014 年，法国又调整和完善了之前的移民政策，新规定为外国高学历留学生毕业后在法国工作和生活提供了更多的便利条件。但此时留学生拿到的居留证仅是临时的，通常为一年的期限，若留学生有长久在法国生活和工作的期望，就要努力进一步获得长久居留证。同时修订后的移民政策还规定，留学生在法国留学期间享有工作的权利，有关工作时长的规定，一般不超过全日制工作岗位时长的 60%（也就是说一周不得超过 35 小时）。如果硕士研究生选择在法国就业，则可以申请期限为 6 个月的工作签证，留学生可以利用这段时间找工作，如果留学生在签证规定期限之前与企业签署劳务合同，获得就业机会，就有资格向有关部门申请长久的工作居留证，进而长久留在法国。与此同时，法国还能为拥有专业技术的高水平人才提供双重国籍的特殊待遇。针对有特殊技能的优质人才，如体育、航天等方面的人才，支持其在法国推广有关本国的文化。为此，法国创新设置了一种全新的居留证——"优秀人才居留证"，规定有效期3年，同时符合相关规定的海外优质人才可以携配偶、子女等亲属到法国一起生活、学习，法国还能为其他家庭成员提供工作居留证，保障其工作的权利。另外，拥有该居留证的人员出关不受限制，拥有与法国公民相同的权利。与我国留学生密切相关的是，当我国学生在法国顺利毕业拿到相关学位后，能够证明自己是优秀人才的人就能顺利地拿到签证。法国采取这些手段，目的是让这些留学人才更好地服务于中、法之间的经济合作和建设，推进两国在经济、文化等方面的交流，实现两国的友好和平相处。此外，法国为了提升国家整体的科技、经济和文化水平，积极设立国家级归国奖励基金，鼓励本国在外留学生选择回国奉献国家。早在2007年，法国就设立了国家科研署等，旨在创建实力最雄厚的科研机构，进一步激发各校的研究积极性，促进产学研相结合，这在提高高校和科研机构的积极性方面发挥了重要的作用。并且，即使在国家财政困难的时期，法国依然持续在国家级海外研究人员归国项目上投入大量的资金，在其他国家带领科研团队做出优秀科研成果的领头人，选择法国就业，就能得到高达20万欧元的奖励。在解除外来人员的后顾之忧方面，法国为其家属也提供一定的工作支持和社会保障。2009年，法国高教和科研部针对本国人才流失严重的问题，制定了大量用于吸引外流人才归国的政策并采取了对应措施积极推进，旨在引起科教人才的关注。主要包括：一是鼓励和支持人才走向科教岗位，鼓励取得博士学位的人才从事教育行业的工作，并引导其从讲师做起，但在工资方面有所提升，对比以前，薪酬方面提升了 12% ~25%；二是政府自主选拔了 130 名优秀人才（主要从事教育与科研工作），并与其签订了 5 年的固定期合同，承诺每年给予 6000 ~15000 欧元的奖金，在研究活动的开展上为其划拨相应的经费。

第二节

实现人力资源到人力资本的转化

党的十八大提出推进创新驱动发展战略，此乃中央第一次把创新驱动看作国家战略。2016 年 5 月，党中央印发了《国家创新驱动发展战略纲要》，其中提出创新驱动概念，即视创新为驱动发展的首要推力，科技和制度、管理、商业以及文化等方面的创新彼此相联系，推进升级方法朝着依赖持久的智慧累积、水平升级和人员素质增强方向进化，推进经济迈向更高的形态、更加明确的分工和更加科学的构成。所以，联系创新驱动的含义，驱动经济发展的核心动力在于提高知识水平以及人员素质等核心内容。这些核心在最后将归属于劳动力之上，只有借助更多的人才力量才可能产生更深远的影响。即创新驱动的本质在于人才推动，最终的结果是借助于人才实现经济稳定发展，从而展现创新驱动的成效，而人才的产生离不开对其人力资本生长的培育。另外，我国曾具有的劳动力数量上的优势正逐步削弱，只能依靠劳动力水平的提升来弥补缺失的动能，助力经济发展。相比物质资本，劳动力方面的变化对经济发展的程度更为敏感，这是因为数量质量一起决定了变化，而当劳动力数量无法持续增长时，只能依靠提高劳动力质量水平来促进人力资本的提高，此时，同样的劳动力总量会带来更明显的经济增长。而近年来，我国在人力资本存量和质量的表现上是一种弹性回缩的态势，因此借助于劳动力素质的提升保证人力资本的累积迫在眉睫。只有这样，才可能确保经济长久稳定发展。从前文分析中可以看到我国在教育、健康以及科研人力资本方面的投资不断增加，对我国人力资本的培育产生了重要的积极意义。但是，我国在人力资本发展方面的投资也存在一定的问题，在积极作用和存在问题的双重影响下，更应当保证和支持对人力资本发展方面的投资。

一 增加人力资本投资，提升经济发展速度

第一，充分意识到人力资本投资的重要性。通过上述对人力资本与区域经济发展关系的阐述容易得出，提高人力资本的投资比重可以显著推动经济发展。对人力资本投资的增加无论对于资源存储、生产率提升还是科技发展都可以带来良好的促进效果。目前，我国经济推进处在新旧动能更替，也就是经济提档升级的关键时期，采取"科教兴国战略"，创建"创新型国家"是我国战略发展的核心。需要在国家政府开支规划方面增加人力资本投入，利用人力资本开支推动优化资本构成，增加就业岗位，帮助经济发展产生巨大效益，发挥人力资本投入的经济推动作用，持续增加知识资源储备，增速人力资本累积，帮助国家经济尽快由粗放型基本要素使用向依赖人力资本投入、科技创新

和社保的新型体系迈进，促使人力资本变为帮助经济转型进步的关键推动力。在具体的实现方法上，例如提高对高等教育的补贴标准，使从事科研活动的人能够减轻其在从事其他活动上的压力，一个为物质生活所拖累的研究人员是不可能做出好的研究成果的。

第二，持续拓展人力资本投资方式。进行人力资本投资的关键环节是政府、公司和个体。考虑到人力资本的投资项目中，很大一部分归于公共设施，例如大学等。反观个体和公司又缺乏强大的物质支撑，因此，政府需要做的是尽可能体现出政府部门在人力资本建设中的关键性作用，逐步增加公共财政支出里面给予人力资本的投入。提升在教育基础设施领域包括大学、医院、科研院等场所开发建设的支出，努力提升个体以及公司集团对于人力资本投入的兴趣，确保整个社会对人力资本投入的基本条件得到保证。经营实体是人力资本的受益者，理应肩负起人才投资的义务，具体包括职员的带薪培训、出国进修等方式，持续帮助职员增长服务能力、提高人力资本的质量，进而给予自身更为可靠和长期的支持，以带来更多的收益。而在个体角度，只有不断重视提高对人力资本的投资，进行相关的职业学习和培训，利用学习的相关理论知识，不断提高自身水平，才可以顺应时代进步的要求，更好地发挥自身的社会作用。总而言之，应借助政府、个体和企业的协同投入，分工明确、彼此联系，大力促进我国的人力资本保质保量稳步增长。此外，投资方式的增加很重要的一点就是隐形的福利待遇，仅有有形的培训、建设等活动在一定程度上并不能提高人力资本水平，可酌量将有关支出转移到支持人的家庭建设上来，使人在多种社会环境下都能够有较为愉悦、轻松的心境。

二 优化人力资本投资结构，推进经济可持续发展

第一，调节人力资本投资构成。我国人力资本教育、医疗和科学研究的投入，对经济发展的影响不尽相同。因此，调整人力资本投资消耗构成的占比，会对经济发展的进程产生不同的影响。对科学研究方面的投入相较于对教育的投入，对经济增长影响的时效性更为明显，然而，教育方面的投入会对经济增长施以更加持久的拉动力。站在更加长远的立场上来看，教育方面的投入才是拉动经济发展的关键力量，并且将会产生远高于科学和医疗领域的长远效益。至于医疗方面的投入对于经济增速的独立作用并不显著，要借助于其他因素共同发挥作用。在对于人力资本投入占比进行重组时，一定要思考教育、医疗和科技三方面对于拉动经济的不同程度的影响。对于今后的人力资本输出占比策略调整，建议适当增加教育和科学技术方面的比例，尤其在教育方面应该最多，而对于医疗方面要逐步增长。站在长远的立场上看，人力资本教育方面得到更多的投入，可以适当增加人力资源的储备量，从而保证经济的长期稳定发展，而在科学技术方面的投入增长会带来科研速度的提升，在医学领域的投入增长，可以使人力资本投入和科学技术投入对经济的支撑更加行之有效、更加全面。

第二，提升职教方面的投入。通过对我国人力资本投入状态的系统剖析，可以看出，目前国家对于教育方面的投入逐步加强，我国受高等教育的人数以及相应的高校教职员工的数量均在上升，职教方面却呈现明显的空缺，目前国家处在产业转型升级的重要时刻，这种转型的装备升级需求、科技水平需求以及劳动力的综合素

质需求都远高于从前。专业技术人才缺乏，就不能升级技术手段以应用于生产，影响高新技术对我国经济发展推动作用的时效性，且可能造成高新技术产业主导权的丧失，对于相关产业的升级也无法起到推动作用。为使人力资本需求适应时代变化节奏，国家需要重新设计对于教育方面的投入增长策略，一方面要打好学历教育工作的基础，另一方面也要加大对职教领域的投入力度，培育出符合不同产业结构和不同实际要求的复合型人才，改善教育投入的成功率，不断提升人力资本投入对产业升级起到的关键作用。

第三，强化基本科研投入。基本科研属于创新驱动策略的起始点，国家当前对科技方面的升级倾向于短期见效，基于基本科研对于经济发展的影响并非立竿见影，并没有对基本科研领域给予充足的人员和资金支持，这导致我们国家在技术方面处于落后局面，进而导致知识难以累积创新。科学技术的创新需要大量的资金支持，相比发达国家用于基本科研的经费达到了科技发展全部经费的 10%～20%，我国只有不到 5%。唯有全力推进对基本科研的资金支持，增长基本科研经费，坚持遵循政府的引领，始终保持政府的主体地位，借助于奖补资金和税收优惠等手段，才可以刺激经营实体和社会加大对基本科研的投入，保证资金充足、稳中有增。基本科研投入的很大一部分体现在教育教学当中，因为这一过程既是知识传输的过程，也是知识碰撞的过程，更是为今后的高层次研究奠定基础的环节。因此，做好这一环节，其功效不亚于科研设施的硬件投入。

三　增强统筹规划指导，提高人力资本投资效率

首先，平衡教育投入与科技投入。我国的人力资本教育和科

技方面的投入对于经济的助力在具体表现形式上是不同的，自然其产生效用的时间也是不一样的。从助力经济发展周期上看，教育方面投入的作用明显长于科技方面投入的作用，换言之，时间越久，在教育方面投入的作用就会越明显。但是从短期效果看，对科技方面进行投资会收到明显快于教育方面投入的回报。而教育投入需要时间积累才可以产生影响。所以说政策制定机构在制定具体策略时，一定要全面衡量教育方面投入和科技方面投入发挥功能之间存在的时间差异性，科学引领，理性配置，不要仅仅追求快速的作用效果，出现忽视教育投资而盲目扩大科研投资的现象。

其次，提高科技成果转化成功率。通过分析研究我国的人力资本投入对于经济增速的作用可以看出，固定资产的存储对于经济的增速依然可以起到一定作用，这表示需求的增强对于人力资本的效率增长有着持续影响。切实整合资源，健全科技组织的结构，合理配置相应的技术需要和给予对象，设立市场主导的科学科研信息平台，减少科学研究成果"供给侧"与"需求侧"的矛盾，提高科技单位的总体服务水平。帮助科学技术面向市场需求，促进其市场化进程。完善相关的科技产品转化政策，健全股权期权纳税优惠制度以及具体奖励措施，保证科技人才的成绩转化为收益，让科技人才借助创新研究获得相应回报，树立科技人才的市场观念，增强其创新动力，激励高级技术单位的教师和科研人才积极创造，尤其是对于团队创新要大力扶持，给予此类高级人才一定的机动编制管控，使其无须离开单位便可以从事相关的创造或者创新成果应用活动。促进成果转化成功率，推进经济全面进步，进而帮助人力资本投入效率增长。

最后，改善人力资本优化条件。人力资本投入从一定程度上来讲风险性较高，考虑到人力资本方面的投资会有很长的回报周期，投资方会面临相应的时间风险，如果人力资本载体离开了相关的地区或国家，会导致相关的投资发生不同程度的失效，因此，需要持续净化人力资本的发展环境，提高人力资本投资方的回报率。帮助高级人才进行相关的双创活动，给予相关人员一定的资本或者贷款政策帮助，指引刺激相关金融单位和投资方对高级人才的"双创"活动给予一定的资金帮助，简化服务平台服务流程，实现"一站化"；给予出色的科技人才相应的科研费用，并授予其一定的科研教学和成果转化的主动权，维护知识产权；主动扶助人才，满足其配偶、子女在户籍迁落等方面的要求，减轻人才负担；地方政府也要打造高效勤政队伍，提高管理水平，形成能够吸引各方人才的良好政治氛围。

四　完善人才激励机制

首先，构建合理公平的人才薪资鼓励制度。激励性薪酬体系主要表现在其具备竞争优势的薪酬，企业吸引并留住人才就需要为员工提供有竞争力的薪酬，使其一进企业便珍惜这份工作。较高的报酬会带来更高的满意度，与之俱来的还有较低的离职率。薪酬缺乏市场竞争力，将使企业人才流失，其结果是造成企业不断招聘员工、员工又不断离职的恶性循环。同时，激励性薪酬体系具有公平合理的内部薪酬制度。企业内部薪酬的不合理，会造成不同部门之间以及相同部门不同个体之间权利与责任不对称，使部分员工在比较中有不公平感，造成心理的失衡。从企业服务价值链的角度看，如果薪酬没有体现内部公平，员工满意度就会降低，必然影响由员工向客户提供的决定客户满意度的服务价值，进而影响客户的忠诚度。因此，在薪酬管理中，内部公平是管理者必须高度关注的问题。此外，激励性薪酬体系是基于工作绩效的薪酬体系。一个结构合理、管理良好的绩效考核制度，不但能留住优秀的员工，淘汰表现较差的员工，更重要的是可以使员工竭尽全力，把自己的本领都使出来。而实行按绩效付酬后管理的重点不再是限制任务指派使其与岗位级别一致，相反，最大限度地利用员工已有能力将成为新的着重点。这种薪酬制度最大的好处是能传递信息，使员工关注自身的发展。人力资本和货币资本在本质上都是把得到收益视为第一要素，只有在切实可靠的经济利益保证下才能够刺激人力资本产生更多的社会经济效用。把物质当成刺激手段是现阶段最有效的方法，将物质作为激励因素看中的并不是物质本身的价值，而是将物质作为一种有效的途径，帮助劳动者获取更多的附加价值，例如社会位置、权利或者更为重要的事物。按照人的需求层次理论，人类有生理和其他需求，基本的生理需求得到满足后，其他需求才会凸显。人类终极需求是实现自身理想，它以物质需要为前提，缺乏相应的物质基础，就不可能有高级的需求。因此，要健全人力资本的奖励机制，首先要做的就是健全经济方面的鼓励制度，典型的方法是薪资，国内大多实行工资制，这是一种劳动报酬，也是人力资本收入的一个重要组成部分，其他常见的还有诸如资本产权等收入种类，为此我国可以学习借鉴国外的薪资制度，力争实现人力资本的经济激励最大化。

其次，设立和完善合理高效的人力资本的地位和权力激励机制。在人的基本需要得到满足的前提下，他会更加关注赢得外界的重视以及自身价值的实现，比如一些技术人员，一方面收入很多，另一方面热爱自己的职业，也就更容易去解决职业上的困难，利用自己的专业技能应对各种难题，这样会使得他们在工作中获得更大的满足感，同时他们也很期待自己的工作能够得到其他人的重视和尊重，工作成为他们乐趣的来源。在这种情况下，给予这类群体相应的权限和职位，可以促进其人力资本的水平得到全面提高，社会价值得到体现，从而促进国家经济高速发展。

再次，提升人才进步管理水准，第一要改善当前存在的政府控制的一元人才管控机制，设立政府、经济实体和社会单位以及用人场所之间多元协作的人才挖掘体制，随后要尊重确保相关单位的主动权，适当调整政府机关对于政策规划、环境营造和监管服务的相应职责，给有关单位适当放权，让用人单位的控制作用得到充分发挥。

最后，完善市场社会化的人才保障系统，主动开发培养高级人才中介实体，让市场对于人力资本的调配切实起到关键作用。

第三节

立足发展实践制定和优化人才政策

重视人才吸引、培育、服务和管控是订立完善人才政策的核心。人才政策是一个地区乃至一个国家对其缺乏、既有以及潜在人力资本的重新配置手段。引进人才是指引进本区域缺乏的人才或者是从长期来看对本区域有长远发展影响的人才，引进人才不应当仅仅唯人才为上，因为并非所有人才都能够成为对本区域发展有利的人才。人才的培育方面既包括本地既有人才培育也包括对引进人才的培育，对人才的培育是一区域对人才自身发展负责的体现，只有自身能够培育出人才才能够在人才使用上不受制于人，而对引进的人才做好培育则对人才和区域都有利，人才能够得到长远发展，也就能够不断为区域发展持续提供人力资本。更为重要的是，对人才的培育体现的是对人的尊重，即对人才的看法不应只停留在作为工具的使用上。如果说人才的引进和培养是增加"存款"的话，那么对人才的服务措施则是保护既有"存款"且使其升值的重要举措，同时，能否引进人才与培养人才在很大程度上也取决于一区域的人才服务工作。人具有主动性，在流动性日益增强的社会经济环境下，人才选择发展区域往往很看重一区域对人才的服务措施，只有拥有优质的服务基础，才能够更好地吸引人才并且能够将吸引来的人才留住、用好。但是目前很多区域在制定人才政策和引进人才方面存在严重问题，比如不是具体分析本地的人力资本优势来制定地方经济发展的规划，而是地方政府的产业政策与经济发展战略只盯着国家政策的导向，没有考虑自身的区域优势。因而，我国各区域在制定人才政策的时候应当根据当地的人力资本存量与优势制定地方经济发展规划，或立足于地方政府的经济发展现状聚集人力资本，同时还要解决人力资本与区域经济发展之间的匹配和对应关系，将二者结合起来，实现区域人力资本与区域经济发展的最佳配置。

一　人才政策要充分考虑人才自身的主体性

传统教育学理论大多把受教育者视为教育的对象，在一定程度上自觉不自觉地抹杀或者忽视了受教育者的主体性；即使在整体性人才资源开发理论的四个方面中，国家政策性开发、工作岗位实践性开发、家庭学校培养性开发在开发理念上，还是忽视成才者的主体性，唯有第四个方面人才自我开发在较大程度上体现了人才的主体性。由此可见，确认人才开发的主体性，对于人才开发是非常重要的因素。人才开发的主体性源于人类的主体性。既然人类本身都是社会的主体，而人才又是人类中的优秀者，理所当然应该具有人类的主体性。从人类与世界的关系来看，人类是作为主体而存在的，人类是世界的中心，在与世界的关系中处于一种能动性的地位，如果失去了能动性的地位和对世界的积极主动的关系，人类尽管还是人类，却不会是具有主体性的人类。从价值论哲学的角度来看，人类作为主体，并不是一个实体性的范畴，而是价值关系的范畴。人类的主体和主体性是哲学研究的核心问题之一，这是人才开发应该认识的重要问题。

　　既有人才政策的制定多披着"优惠"的外衣来吸引人才，其实无非户口、住房以及资金的支持，实际上这种政策的做法与人才的培养和服务是背道而驰的。人才首先是作为人，其具有自身主观能动性，无论给出的条件怎么"优惠"，其本质上都是将人才作为工具理性人来考虑的，即认为政策制定和人才入驻之间是简单的输入－输出关系，认为把政策做好人才就一定会来。实际上事实并非如此，应当对人才自身发展需求做深入调研，不应当仅将人才作为工具，在政策上"筑巢"来"引诱"人才"入驻"，而应该实现"一人一策"的人才引进及培养对策。只有明确了人才自身的需求才能有针对性地吸引人才，这样还能避免"优惠"的浪费。

二 需规范和指导引才引智

人才属于十分关键的战略资源，市场对人才的配置更是起到核心作用，只有树立好引进、培育、使用、保留协同发展的人才战略，才可以帮助市场体制更加明显产生效用，实现对微观主体的盘活。但是，目前一些地方政府在人才政策方面存在短板，如只追求人才数量，不注重人才质量与人才结构；不是根据区域经济发展的优势与特色来引进人才，而是一味跟风，实施的都是普惠制的人才政策。因此有必要充分体现政府功能，指引地方对人才吸引的策略，对我国重要人才策略实施适当的广泛调整。

不能仅仅基于城市的特点制定人才引进措施，还应该对于人才实施准确吸引。城市的进步不应该造成人才的争抢，并且不应该根据落户人数确定政绩标准，而需要契合本地的发展实践。人才的引进要精准化，在立足对当地劳动力构成准确计算的前提下，把产业计划和人才吸引策略相结合，在地方的实际需求前提下进行规划，把相关人才政策和区域的发展前景、产业布局联系在一起，协同前进，促进人才数量、品质和构成贴合本地经济社会未来发展方向。

一方面应该增长数量，另一方面还要增长存量。借助吸引人才的政策来扩充增量尽管很有效，然而最终还是当地人才决定城市社会经济的长期发展。在为"新人"创造优质就业和生存环境的同时，城市对于人才的吸引还表现在对"老人"的关心上，不应该只照顾外来人才而忽略了本地人才的发展和生存状况。要对本地人才进行常态性的培养、服务和管理，进行勘察和储备，着重加强对当地人才的培训和教育，给予适当尊重，创造和谐公平的环境，帮助本地人才人尽其才。

　　一方面要满足当地的需要，另一方面还要满足国家的政策。对于各地吸引人才战略情况实施合理的评测、指导和纠正，理性评判其对于东北、西部等区域发展和助力脱贫、乡村振兴等任务发挥的作用，进行合理可控的人才变动积极调控。提出相关措施，激励和指引人才流向国家重要战略区，在薪资、职务等方面给予扶助，让这类群体得到政治、社会和经济上的利益。核心人才措施应该向国家重要战略靠拢，创立国家重要人才基金，推进人才机制的完善，确保我国核心政策满足相关人才需要。

三　建立高端人才培养新机制

　　在人才引进方面，我国很多地方都侧重于从大城市或海外引进人才，往往忽略了本地领军人才在本区域的发展。从人才发展的角度来看，一个地域的发展，确实需要对大城市人才和海外人才的引进，同时也应该认识到，本土人才更需要发展，如何促进二者协调发展值得考虑。一方面，关于大城市人才和海外人才引入的优惠政策有很多，而针对本地人才的优惠政策相对较少，可能会引起本地人才心理失衡；而另一方面，海外引进人才和大城市引进的人才在短时间内很难适应本地环境，这会造成两者之间有矛盾冲突，合力下降，总体效能降低。针对海外和大城市人才引进与本地人才培养方面所存在的张力，应当做好以下几点工作。一是创建本地人才选拔和培养机制，加大对本地人才的选拔与培养力度，促进本地人才数量和质量的提升，为本地人才提供良好的工作环境和福利待遇，支持本地人才创新创业。二是对引进的海外人才和大城市人才推行一体考评制度，按照统一的体系进行考评，构建平等的工作考评机制。三是对两类人才进行分流，无论是海外或大城市引进的人才还是本土人才，在企业当中的业绩突出者，给予更好的薪资待遇，提供更好的优惠条件与保障。这样的话既能做到保障人才政策的公平，也能够最大限度地激发海外及大城市引进人才和当地优秀人才的水平发挥。坚持创新驱动导向作用，根据形成的创新链给予创新型人才专业培训，营造"产学研用协同作用"的培养形式，建立全面的人才培育系统。对于人才的培育，不仅要学习先进国家和地区的交流匹配手段，还要设立对应的高级人才技术攻关等能力的培养制度，健全院士和博士后工作站的设立，培育出国际先进的专业人才、学科领导者和创新团体。广泛利用社会资源，借助相应区域的高校科研场所和高新技术基地，促进高校和企业之间的高级人才交流活动，发挥产学研对于培育和汇聚顶尖人才的共同作用。

四 以"放、管、服"新理念改善人才服务工作

强调政府在服务中的核心地位。形成多元化的科技服务主体是国外政府工作的关注重点，并且与大学、研究机构和企业间建立密切联系。国外科技服务体系的执行主体越来越多元化，既包括政府扶持设立的机构，又包括财团法人机构、协会机构、私人公司等。一般发达国家的科技服务都呈现范围广泛、内容丰富的特点，机构类型多样化。多样化的机构在从研发到商业化的技术创新过程中，合作紧密，构成了连续不断的服务体系。通过培养市场需求和不断推出法律法规等措施，提升专业型服务公司的市

场竞争力和发展水平，减少对有关机构的干预，并不断强化行业管理，建立健全立足于市场发展水平的规章制度，促进用人单位、企业产生对机构服务的需求。这些经验为我国政府开展人才服务工作提供了有价值的借鉴。

一方面要主动探索，另一方面要认清现实。人才的引进一定要符合本地所能给予的公共服务水平，切勿因人口快速涌入造成城市难以承受的状态，不应该造成基础设施、教育、医疗卫生等条件由于新人口的加入而不能满足使用的情况，切忌因此激化新老住户之间的矛盾。除此以外，想要人才给本地带来持续的效益，当地政府一定要有合适的配套政策，必须保证政策的长久性，不要经常变动。建立符合户籍的卫生、教育、社保配套政策，当地的财政部门一定要加大对于基础服务设施方面的支持，并且对于人才的引入层次和数量要以当地的财政力量为基础，不能超出地方财政所能承担的上限。

引才引智很重要，实现人才的永久留用更应当引起重视。城市重视人才引进工作，更要重视为人才提供舒适、便捷的社会环境。要充分信任引进的人才，在促进当地和经济发展方面，将引进人才的效用发挥到最大，积极为引进的优秀人才营造良好的生活氛围，实现人才可持续进步的目标。应该继续完善营商环境，提升政府服务质量，不仅要关注城市硬环境的建设，城市软环境的建设也不能放松，努力构筑现代化产业系统的要素和结构，形成精致的生活生产服务系统，给予外来人才温馨感，让外来人才真心融入环境，保持积极态度，投入新的生产生活氛围中去。

集中核心力量，借助强大的人才协作能力刺激人才创新创业系统的建立，在区域进步方面给予人才更适合的氛围。例如设立人才工作联盟，各区域应当联合相关组织，成立对应的人才服务联盟，构筑联盟内部的信息共享和工作协作体系，营造人才工作协同氛围，基于人才创业多角度高质量地帮扶。除此之外，不仅要在户籍、住房、薪资、社保方面给予适当的政策支持，还要对相关区域的人文背景、自然氛围等各方面条件予以适当改善，对相关人才的创业给予更好的条件满足，从而留住人才。

第四节

提升人力资本对区域经济发展的贡献率

一　提升人才资源的使用效率

习近平总书记表示①，人才是创新的基础，创新驱动的根本是人才的驱动，掌握了最先进的人才就拥有了最领先的科技和主导能力。因此，创新驱动离不开人才支撑，尤其是在人才的发掘上十分关键。前期探究可以看出，1978 年至今我国人才占人力资本的比重持续上涨，然而人力资本对于经济的贡献呈现下降的态势。2015 年与 1978 年相比人才资源对于经济提速的贡献相差无几。所以说在人力资本数量、质量差不多的情况下，利用好人才资源，充分体现其能动性，才可以保持其对于经济的拉动作用。而所谓提高人才贡献率，核心手段之一就是要坚持以人为本，刺

---

① 习近平：《发展是第一要务，人才是第一资源，创新是第一动力》，中国政府网，http://www.gov.cn/xinwen/2018－03/07/content_5272045.htm，最后检索时间：2020 年 6 月 7 日。

激人才创造力。如何提高人才的使用效率，则与所采用的激励手段和措施不无关系。

提升人才资源的使用效率，就是要坚持"以人为本"的原则。人力资源管理工作既要严格遵循企业内部各种规章制度，也要遵循"以人为本"的工作原则。企业应重视内部人才的使用，将其作为企业发展的重点，从而实现企业的进步和可持续发展。充分调动企业人员的工作积极性，可提高企业的经济效益。因此，企业要将人力资源管理的理论与实践进行有机结合，尊重每个个体的能力，充分实现个体的价值，提高企业个体在企业整体运营中的主体地位，将企业的发展和人才的发展相挂钩，实现共同发展。为此，首先要加强企业内部人才的技术培训，提高工作人员的专业能力和素养。对于大型企业来说，内部人员构成比较多且复杂，必须充分发挥每个人才的能力，提高每个个体的工作积极性，这样才能保证企业的正常发展和进步。想要提高企业经济效益，重视人才使用和培养非常重要，满足企业工作人员的基本诉求，提高企业人才的综合能力，从而加强企业内部核心凝聚力，实现企业的创新发展。

二　完善知识产权保护体系，为人力资本投资创造良好的法制环境

我国的知识产权制度伴随着改革开放建立和发展起来。经过 40 多年的发展，我国不仅建立起了符合国际通行规则、门类较为齐全的知识产权法律制度体系，加入了几乎所有主要的知识产权国际公约，而且成为一个名副其实的知识产权大国。数据显示，我国商标申请量连续 16 年居世界首位，发明专利申请

量连续 7 年居世界首位，PCT 国际专利申请量和马德里国际商标申请量分别跃升至世界第 2 位和第 3 位。知识产权是个人或集体对其在科学、技术、文学艺术领域创造的精神财富依法享有的专有权。知识产权是一种无形的财产权。全球科技、经济的飞速发展，知识产权保护客体范围和内容的不断扩大和深化，不断给知识产权法律制度和理论研究提出崭新的课题。保护知识产权，有利于调动人们从事科技研究和文艺创作的积极性。知识产权保护制度致力于保护权利人在科技和文化领域的智力成果。只有对权利人的智力成果及其合法权利给予及时全面的保护，才能调动人们的创造性、主动性，促进社会资源的优化配置。同时，保护知识产权，能够为企业带来巨大经济效益，增强经济实力。知识产权的专有性决定了企业只有拥有自主知识产权，才能在市场上立于不败之地。越来越多的企业开始意识到技术、品牌、商业秘密等无形资产的巨大作用，而让这些无形资产逐步增值，则有赖于对知识产权的合理保护。此外，保护知识产权，有利于促进对外贸易，引进外商和外资投资。我国已于 2001 年 12 月加入世界贸易组织，履行《与贸易有关的知识产权协议》，保护国内外自然人、法人或者其他组织的知识产权。如果没有知识产权保护，我国就不能更好地参与世界贸易活动。

完备的产权保护法对于人力资本的作用不可忽视。第一，完备的产权保护法能够行之有效地刺激人才的创新意识，进而刺激相关技术知识的创新，实现一种良性循环。第二，建立好知识保护，借此持续推进相关成果的产业化，促使科技和生产力之间的良性转化。第三，在完善了知识产权保护后，市场环境才能实现真正的公正，相关成果被有效保护起来，市场竞争力得到提升，赢得大量的资源和要素。伴随着知识经济的发展，社会对人力资本投入的需求也不断增加，对人力资本的产权问题有了新的要求。人力资本产权规定的实行和达成，一定程度上影响了人力资本的利用效果。所以建立好人力资本产权关系，并且应对好相关问题，将会很好地加大对人力资本的投入，进而带给经济全新推动力，带动经济迅猛发展。

第五节

引导人才的自由流动

流动性是人才资源的显著特点，人才的到来导致某区域很短的时间内聚集大量的人口，也就带来了很多的人才聚集效应。人才的聚集优点和缺点并存，也不是所有的人才涌入都会带来整体高于个体的功能。

人才聚集效用是人才汇聚量变到质变的转化，其最典型的特征是阶段性。初期的聚集体现在阶段性的人口数量激增，人才累积到一定数额开始发生质变，带来了对应的技术进步和经济提升，人才汇聚效应初显成效。人才的汇聚一定程度来讲突破了时间、空间的限制，实现了初级的信息共享功能。区域吸引力在这一阶段不断增长，人才汇聚一方面表示地区拥有了大量的人力资本知识储备和快速的知识刷新，随之带来了人才汇聚、带来公司聚集，也就是规模化，从而进一步带来传统产业转型升级的良好结果。另一方面，人才汇聚促使信息得以高效低成本传输，知识的溢出性或多或少帮助区域内的信息得以共享，带来了共享效用。知识经济时代信息是主导，容易获得信息意味着会有更多公司短时间内被吸引到这一区域来，从而带来了产业集群的规模增长。人才特有的知识储备还有独特性，集群里人口的汇聚带来新思想的迸发，人才得到进步，创新能力和工作水平提高，从而促进公司迅猛发展，并帮助传统产业结构优化和升级。

还要看重综合服务环境的建立。先进区域进行创新人才发展的实验证实，缺乏了对应的基本支持条件，一切可能都只是设想。人才特有的内部规律以及许多研究成果和现状证实，更好地研究环境是人才更加迫切的需求。所以，创立一个更加公平轻松的进步环境，多种人才就可能向这一区域涌入。曾经的政府部门习惯于利用税收帮扶、项目支持作为吸引和保留人才的手段，现如今更需要注意软环境的配备，注重营造更加适宜的人才生态环境，包括适合居住置业和发展的全新环境、协同进步的高新企业、先进的科研院所和高校、汇聚的资本投入和投资者、专业的孵化和多元的创业文化氛围。但是，大量人才在某一区域的集聚会导致人才的浪费和空置，并且区域内的人力资本数量激增会导致管理成本和难度增加，人口的汇聚还有可能造成人际交往出现问题，导致个体合作的矛盾，造成聚集效果打折，因此人才的引入应当注意人才饱和程度，避免过度引才。

发达国家和地区用来吸引、留住、培育高级科学人才的重要手段之一是完备的制度规范。一定要努力实施人才优先发展战略，推进建立我国特有的满足相关各方权利要求的人才法律系统，把"人才发展法"当作基础，加快人才的流动、人才安全和人力资源市场等领域的立法进程。营造一种制度呵护、凝聚人才、刺激创新的良好氛围。除此以外，还应该补充相关政策，如有关创新成果交易、高级人才业务和海外人才管控等方面的政策，要把握好方向和思路，加速推进实际举措出台。

第六节

切实关注人力资本区域分布不均衡
所导致的经济发展不平等问题

区域经济发展受到不同人力资本水平的影响，呈现一定的差异性。并且，人力资本水平的有效提升也得益于区域经济发展，保持同经济增速相协调。某种角度来讲，双方的关系呈现为在经济社会中彼此协同发展，经济达到了一定水平后可以为其他方面提供物质帮扶，进而为促进人力资本水平提高创造更加优良的外在环境。与此同时，技术手段和科研的创新是保证经济长久进步的重要举措，而且实现这些的基础是人力资本水准的稳步上升。因此，经济取得了相当程度的进步后一定要考虑是否同社会的进步相吻合，给予教科文卫更多的资源支持，使得人才资本为经济的持续发展保驾护航。

立足于长期发展，提升人力资本水平离不开教育投入，进而实现经济进步的长远性。国家和地方政府一定要做好《纲要》中提到的人才发展战略，不能忽视人才培养的重要性，要有更多的教育投入。在实践的角度上，我国的区域经济呈现严重的不平衡现象，人力的积累也因区域而异。因此，地方政府不应该无原则地增加教育支出，应该联系实际，在摸清自身情况的前提下，对本地最需要的教育方式给予支持。根据我国实际情况：对教育投入的拉动效应最明显的中部地区，应该增加教育资金在财政中的比重，在利用率上做文章；东部地区一方面在教育上持续增加投入以保持固有的经济增速，另一方面，还应该重视对高级人才的培育，打好技术领先这张牌；对于在整体教育投入相对薄弱的西部地区，需要把基本的教育支出放在中心，从而确保基本的人力资本供给。各区域政府需结合当地发展的实际状况，制定合理、科学的支持政策，支持教育投入的增长，努力实现教育对于经济增长的带动作用，调节好区域间的不平衡，推动各区域经济平稳向好发展。

就业规模的扩大和就业人员受教育水平的提升是实现西部地区经济稳定发展的重要举措。与东部地区相比，西部地区总体产业没有稳定的基础，东部地区有良好的上升空间和岗位，西部地区却存在大量的人才流失。西部地区更要重视人力资本结构和产业构成变化的协同，产品布局的发展要遵循产业基础。目前劳动密集型产业仍是西部地区的主要产业，逐步优化产业结构要适应人力资本水平，逐渐让经济脱离对于资源的依靠来促进产业的转型升级，促进相关产业进步。此外，继续对东部地区高等教育资源优良区域给予投入，更要重视对西部地区高等教育的帮扶和支撑，努力在中西部地区打造 2~3 个教育资源区域，帮助该区域积累更多的人力资本，不仅让区域内经济稳步提升，还要让区域间收入差异的裂痕得到有效控制和缓解。综上，要解决中国区域经济发展不平衡问题，关键在于解决经济不发达区域与经济欠发达区域的人才资源数量与人力资本质量的问题。

第七节

本章小结

　　本章是在综合了前文我国和北京市中关村的有关人力资本和区域经济增长关系的以人才政策为主要分析对象的相关内容后，在人力资源转化为人力资本、优化人才政策、人力资本结构与区域经济发展、人力资本集聚以及人力资本区域不平等等方面提出对策建议。具体包括：在推进人力资源转化为人力资本方面，不论是国家还是各区域都应保持并不断扩大对人力资本的投资力度和规模、不断推进人力资本投资结构的优化、促进人力资本投资效率的提升，进一步实现人才激励机制的完善。在优化人才政策方面，第一，在人才政策的制定上要坚持以人为本的工作方法，在充分考虑人才自身主体性的基础上，制定科学合理的人才政策，跳出经济决定"人"的政策循环。第二，在人才引进方面要综合考虑本地实际发展情况，因时因地因需引进人才，同时将对引进人才的培养、服务及管理工作视为工作重心，多种手段综合利用，吸引人才，留住人才。在人力资本结构与区域经济发展方面，要重视提高人才资源的使用效率，确保人力资本投资取得预期效果，此外还应完善产权保护体系，保护创新于企业于国家长远发展都十分必要。在人力资本集聚方面，尽管人才越多越好，但是也应注意防止出现人才过度集聚的问题，从而避免人力资本"窝工"的现象。另外，人力资本与区域发展不平等也是发展中存在的重要问题，人力资本基本上可以假定为可增长的有限资源，其有限性体现在人力资本的载体本身有限，从而人力资本流动在一定程度上就造成了人力资本主体流入地与流出地之间的巨大差距，这一差距的弥补需要对人力资本缺乏区域进行人力资本的引进工作，但更为重要和长远的举措应当是在引入人才的同时，做好人才培育，增强人力资本的可持续发展能力也应视为工作的重要方面。

第七章
研究结论与展望

....

　　作为本书的结尾，本章对全书的研究重点和研究结论进行了凝练。诚然，任何研究和写作都不是尽善尽美的，关于人力资本与区域经济发展之间的研究，也会有进一步扩展的空间，最后提出了未来研究展望。

....

第一节

主要结论

　　本研究源起于当前我国对人才工作的重视以及对时下各地开展"人才大战"现状的思考，研究了人力资本与经济发展的关系。通过对人力资本积累、人力资本与经济发展的相关关系，以及在人力资本和经济发展中起重要作用的人才政策的分析，得出如下主要研究结论。

　　一是人力资本积累与集聚对于区域的产业结构和经济发展具有重要的促进作用。从人力资本与经济发展和产业结构的关系来讲，区域经济的发展有利于提升人力资本存量、提高人力资本利用效率以及促进人力资本配置结构的优化。而人力资本的积累和集聚则会通过调节市场供求、提高生产效率以及作用于资源配置来推动产业结构升级。在我国现实发展中，人力资本对经济、产业等的促进作用往往是一种倒逼的形式，即经济发展抑或某一特定的产业中的技术成熟之后才会形成大量相关人才的聚集。这在一定程度上说明了核心人才在经济发展和产业升级中占据的才是最重要的位置。

　　二是人力资本与区域经济发展之间是相互联动的，人力资本与区域经济发展之间只有实现良好的互动机制才能增加并利用好既有的人力资本存量，才能够使人力资本主体性得到有效发挥，从而促进区域经济增长。区域产业结构的转换既是人力资本推动的结果，也会对人力资本的存量产生影响。区域经济发展越好，越能够有效增加人力资本存量，也就能够更好地提高人力资本的利用率，实现人力资本配置的结构优化。同样，人力资本可以利用自身优势通过对市场供求关系的调整、生产率的提高等实现区域产业机构的转换。这与经济基础和上层建筑的关系相类似，但更为贴切的则是结构的二重性，即经济发展的确为人力资本的形成创造了条件，但更为本质的则是现有的人力资本最终决定了一区域乃至一国的经济和社会结构。

三是人力资本在促进区域经济发展的同时，也能够对周边区域经济发展产生带动作用，形成人力资本集聚的同时，实现经济发展的同向联动。通过论述和实证分析可以看出，北京市人力资本对北京市（以中关村为代表）具有明显的拉动作用，同时可以看出北京市各区之间在人力资本集聚和区域经济发展之间存在明显的相关关系。这也就告诉我们，处在带动地带的区域对于经济社会发展具有很重要的示范作用。因此，在考虑区域差异时，切不可抛开区域的带动作用而空谈。

四是实现人力资本的转化对促进经济发展、实现社会稳定以及人才的发展等很有必要。因此，需要做好在人力资本转化中教育、健康以及科研的投入。目前，我国在教育、健康以及科研人力资本方面的投资逐年增加，在部分领域的投资已经达到或超过发达国家的水平，但是在多数方面仍然低于发达国家乃至低于世界平均水平，从而仅就投入的数量而言，继续增加对人力资本的投资依然是我国实现人才强国目标的重要举措。

五是人才政策是人力资本和区域经济发展得以协调的重要工

具。而人才政策是一个系统性工程，只有将这一系统的各个环节都考虑在内并尊重人才的主体性，才是成功的人才政策。本书分析总结了我国、北京、中关村以及其他区域的人才政策的成功经验和不足之处，认为人才政策取得成功的关键在于做好人才政策的系统工作，包括人才的引进、培育、服务和管理等，只有将这一个系列的工作全顾及，才能算是一个完整的人才政策。北京市中关村的人才政策之所以能够吸引人才、培养人才并激发人才的创造活力，关键在于其全面性。

六是通过对人才政策、人力资本以及区域经济发展的关系论述可以看出，人才政策最终目的能否实现，关键在于其"前台"和"后台"能否实现有效对接。政策的"后台"以负责任的态度培养和引进人才以实现经济发展和产业升级的，最终都能实现其目的，也能实现人才和区域的双赢。而政策的"后台"仅仅以引进人才、消费人才为目的，不论其"前台"的政策多么优良，都不能实现其最初目的，从长远的角度来看，于区域和人才均无益处。

第二节

研究展望

今后有关区域与人力资本方面的研究依然需要持续考虑的问题包括：一是继续研究人力资本的计量方法，避免现有研究仅将人力资本的研究局限于偏高层次人才的研究；二是做好人力资本量化研究的同时，还应当做好人力资本的"质"化探索，要尊重人的主体性，在任何研究中都应以"人"为核心；三是当社会治理模式和结构发生变化时，如户籍制度和地域界限取消之后，空间计量的方法可能就不再适于做差异比较，现在人才流动频率逐渐提高就对其产生了挑战；四是利用好大数据给人力资本与区域经济发展间关系的研究带来的机遇，做好资料的数据化工作，为当下以及今后的研究准备好资料。

参考文献

〔英〕马歇尔:《经济学原理》(上册),商务印书馆,1965。

〔美〕西奥多·W. 舒尔茨:《论人力资本投资》,吴珠华等译,北京经济学院出版社,1990。

〔英〕亚当·斯密:《国民财富的性质和原因的研究》(上卷),郭大力、王亚南译,商务印书馆,1974。

〔英〕亚当·斯密:《国富论:强国富民的西方经济学"圣经"》,胡长明译,人民日报出版社,1990。

安慧玉:《黑龙江省各地区人力资本与经济增长关系的面板数据估算》,《长春师范学院学报》(自然科学版)2008年第2期。

曹晋文:《我国人力资本与经济增长的实证研究》,《财经问题研究》2004年第9期。

曹霞、王洋洋、程逸飞:《高层次创造性人才队伍建设政策机制效果评价的指标体系》,《科技与经济》2010年第1期。

段龙龙:《人力资本存量、R&D投资与中国工业增长转型》,《科学决策》2012年第3期。

段平忠:《改革开放以来我国经济增长地区差距分布解析——基于Theil指数分解的解释》,《理论月刊》2008年第10期。

官华平、谌新民:《珠三角产业升级与人力资本相互影响机制分析——基于东莞的微观证据》,《华南师范大学学报》(社会科学版) 2011 年第 5 期。

郭熙保、张克中:《增长趋同理论简述》,《武汉大学学报》(社会科学版) 2001 年第 4 期。

黄洪基、陈永弟、仇立平、金大陆、严文斌、张虎祥:《"上海梦"(下)——"上海留学归国人员发展环境和政策评价研究"报告》,《上海青年管理干部学院学报》2004 年第 2 期。

可人:《学校将用优惠政策引进培养高层人才》,《重庆文理学院学报》1997 年第 4 期。

雷丽平、于钦凯:《中国人力资源开发对区域经济发展的影响及对策研究》,《人口学刊》2004 年第 4 期。

李守福:《关于大学和地区社会关系的思考——兼述日本大学和地区社会的结合》,《外国教育研究》1995 年第 3 期。

李红霞、席酉民:《创新型人力资本及其管理激励》,《西南交通大学学报》(社会科学版) 2002 年第 1 期。

李映、张向前:《英国适应创新驱动的科技人才发展机制对中国的启示》,《科技与经济》2017 年第 1 期。

刘育辉、陈启愉:《市场经济条件下的高校科技开发与科研管理》,《华南理工大学学报》(自然科学版) 1996 年第 11 期。

娄伟:《我国高层次科技人才激励政策分析》,《中国科技论坛》2004 年第 6 期。

罗光华:《政府在产业升级过程中的作用研究》,《法制与社会》2008 年第 35 期。

秦元芳、张亿钧:《论人力资本投资对经济增长的作用》,《经济问题探索》2005 年第 10 期。

邱卫军、王立剑:《国内高校高层次人才遴选、待遇、考核政策综述》，《科技管理研究》2011 年第 10 期。

沈波濒、刘荣华：《改革开放以来中国共产党人才政策的历史演变》，《实事求是》2009 年第 1 期。

沈晓娇：《人力资本投资与中国经济增长》，《经济研究导刊》2011 年第 1 期。

孙富强、白敏植、任明强：《国内高层次人才开发政策分析》，《经济与管理》2003 年第 11 期。

田海嵩、张再生、刘明瑶、宁甜甜、查婷：《发达国家吸引高层次人才政策及其对天津的借鉴研究》，《科技进步与对策》2012 年第 20 期。

王宝锐：《培养高层次人才的探索与实践》，《继续教育》1996 年第 3 期。

王国平：《打造长三角现代服务业中心实现杭州跨越式发展》，《杭州科技》2009 年第 5 期。

王梅珍、林建萍：《行业高校科技成果转化的若干问题探讨——基于宁波纺织服装行业科技成果转化的调查研究》，《中国高校科技与产业化》2009 年第 10 期。

王艳、樊立宏：《多头并举 培养造就创新型科技人才——〈国家中长期人才发展规划纲要（2010—2020 年）〉解读》，《中国科学院院刊》2010 年第 6 期。

文华：《延边经济发展中高层次人才培养的路径选择》，《延边大学学报（社会科学版）》2012 年第 1 期。

文建东：《人力资本流动与经济发展》，《当代经济研究》2005 年第 9 期。

肖六亿：《劳动力流动与地区经济差距》，《经济体制改革》2007 年第 3 期。

徐孝民：《高校科研项目人力资本投入补偿的思考——基于科研经费开支范围的视角》，《中国软科学》2009 年第 12 期。

徐业滨：《黑龙江省高层次人才的现状及培养对策——从振兴东北老工业基地的视角》，《学术交流》2006 年第 7 期。

杨小玲、陈刚、王建平、姚锦瑜、陈霖、顾玲琍、王敬英、龚晨：《上海科技人才引进政策综述》，《上海有色金属》2012 年第 1 期。

姚先国、朱海就：《我国传统产业部门科技人才偏少的现状及其原因》，《上海经济研究》2001 年第 9 期。

袁敬伟、孙少伟、曹锐、栾喜庆：《建立国家高层次人才社会保障制度》，《劳动保障世界》2004 年第 7 期。

张江峰、刘海峰：《产业升级中地方政府的组织惰性研究》，《宏观经济研究》2010 年第 5 期。

张立新、崔丽杰：《劳动力流动、人力资本积累与地区经济增长差距研究综述》，《湖南人文科技学院学报》2015 年第 2 期。

张绮萍：《人才资源开发与区域经济发展的关系分析——以惠州市为例》，《价值工程》2012 年第 20 期。

郑永彪、王丹：《世界主要发达国家农村养老保险制度的比较和借鉴》，《许昌学院学报》2015 年第 4 期。

中共中央组织部人才工作局：《党管人才工作规律研究》，党建读物出版社，2017。

周新芳：《人力资本理论文献综述》，《企业管理》2011 年第 1 期。

朱翊敏、钟庆才：《广东省经济增长中人力资本贡献的实证分析》，《中国工业经济》2002 年第 12 期。

Alcacerj，Chung W. ，"Location strategies for agglomeration economies," *Strategic Management Journal* 35 (2013) .

Becker, G. S. , "Human Capital: A Theoritical and Empirical Analysis with Special Reference to Education," *New York: Committee for Economic Development*, 1962.

Beine M. , Frederic D. , Hillel R. , "Brain Drain and Economic Growth: Theory and Evidence," *Journal of Development Economics* 64 (2001) .

Beine M. , Frederic D. , Hillel R. , "Brain Drain and Human Capital Formation in Developing Countries: Winners and Losers," *The Economic Journal* 118 (2008) .

Berry R. , Glaeser L. , "The Divergence of Human Capital Levels Across Cities," *Papers in Regional Science* 84 (2005) .

Bhagwati J. N. , Hamada K. , "The Brain Drain International Integration of Markets for Professionals and Unemployment: A theoretical analysis," *Journal of DevelopmentEconomics* 1 (1974) .

Bhagwati J. N. , Carlos R. , "Theoretical analyses of the Brain Drain," *Journal of Development Economics* 2 (1975) .

Bhagwati J. N. , Hamada K. , "Domestic Distortions, Imperfect information and the Brain Drain," *Journal of Development Economics* 12 (1975) .

Fitzgerald D. , Hallak C. , "Specialization, Factor Accumulation and Development," *Journal of International Economics* 64 (2004) .

Forlid R. , "Agglomeration with Human and Physical Capital. An analytically Solvable Case," *London. Centre for Economic Policy Research*, 1999.

Gregory M. N. , David R. , David N. W. , "A Contribution

to The Empirics of Economic Growth," *Quarterly Journal of Economics* 107 (1992).

Haoue N. U. , Kim S. , "Human Capital Flight. impact of migration on Income and Growth," *Staff Papers of International Monetary Fund* 42 (1995).

Katz E. , Stark O. , "International Migration under Asymmetric Information," *The Economic Journal* 97 (1987).

Lucas. R. E. , "Why Doesn't Capital Flow for From Rich to Poor countries," *American Economic Review* 80 (1992).

Miyagwa K, "Scale Economies in Education and the Brain Drain Problem," *International Economic Review* 32 (1991).

Ritsila J. , Ovaskainen M. , "Migration and Regional Centralization of Human Capital," *Applied Economics* 33 (2001).

Rotemberg J. , Saloner G. , "Competition and Human Capital Accumulationp: A theory of Interregional Specialization and trade," *Regional Science and Urban Economics* 30 (2000).

Simon J. , "Human Capital and Metropolitan Employment Growth," *Journal of Urban Economics* 43 (1998).

Stark O. , Christian H. , Alexia P. , "A Brain Gain with a Brain drain," *Economics Letters* 55 (1997).

Stark O. , Christian H. , Alexia P. , "Human Capital Depletion, Human Capital Formation, and Migration. A Blessing or a Curse?" *Economics Letters* 60 (1998).

T. W. Schultz, "The Value of the Ability to Deal With Disequilibria," *Journal of Economic Literature* 13 (1975).

Paul M. Romer, "Human Capital and Growth. Theory and Evidence," *Carnegie Rochester Conference Series on Public Policy*, 1990.

Vidal J. P. S, "The Effect of Emigration on Human Capital Formation," *Journal of Population Economics* 11 (1998).

后　记

　　庚子交替，北京初雪，我完成了本书的初稿，已搁下数日，却尚未收尾撰写后记。此时我在想，关于后记，除了感谢我的父母、恩师和好友外，更多的也是对自我努力提升的一个总结，以及阶段性工作的一个收尾。按照惯例，我总是要思踱良久，回忆那无数个笔耕不辍的日夜、陪伴我的台灯和爱犬，然后洋洋洒洒地将自己的情感铺满纸张，虽是盛世寻常日，却是人生小计时，我如是这般以为。

　　世事难料，当人们还在为新年的到来欢庆祝福之时，新冠肺炎疫情突袭神州，北京似乎一夜间回到了 2003 年。病毒的肆虐冲淡了新春的喜庆，中华大地上的人们，又将口鼻捂住，备起蔬菜粮油，躲避可憎的瘟神。值得庆幸的是，中华民族毕竟是个屡经灾难而从不屈服的民族，越到苦难深处，这个民族就越团结越强大，越能彰显出坚忍不拔的品格和毅力。恰此又逢华夏盛世，我们比历史上任何时期都更接近民族伟大复兴的目标。中国共产党代表了最广大人民的根本利益，几千年来从未曾有过的组织、效率和奉献精神一次又一次震惊着世界，也感动着人民。值此国人处于危难之时，党中央带领全国人民共克时艰，且战且胜，更因一个个个体、一件件小事、一处处细节而愈加凸显伟大。此书成于此非凡时刻，也可算作一记时代的鼓点，更是我个人人生的烙印，为此，我备感荣幸。

荣幸之余，不能忘记感恩。无处移步的这些日子，我不自觉便忆起此间往事，从提笔命题到论成结篇，身边之人、之事一直感动激励着我，让我无法忘怀。

首先要感恩我的父母，在著书期间，他们不断地给我支持和爱护，在他们眼里，我仍是那个执着进取的小姑娘，多年沉浸于学海书山，"两耳不闻窗外事，一心只读圣贤书"，远离人间烟火，是父母用爱包容和关怀着我，让我能够放手追逐梦想。这份恩情深沉且厚重。

其次我要感谢我的恩师文老师和李老师，从生活到学习，老师总能以画龙点睛之笔化我茅塞顿开，每每让我醍醐灌顶般找到最简捷高效途径去追寻灵感的钥匙，纸上笔下不免有时思绪枯竭，恩师的指点如同泉水甘冽，是我奋力笔耕的源泉。

感谢帮助我的朋友们。我在粗心大意和情绪低落时总是她们来兜底迂回，激励我不能放弃。人生得几知己足矣，一遍遍帮我校验数据和缓解写作的焦虑，也确实唯有知己能够成全。

感谢社会科学文献出版社陈老师，她以卓越的专业能力和谦虚谨慎的敬业精神感动了我；她逐字逐句地修改调整，让文字更加生动形象，丰满圆润。

特别感谢李京文院士，李先生是中国技术经济和工程管理理论的开拓者，长期耕耘于祖国经济的沃土，结出一系列系统理论的硕果。李先生能于百忙之中为本书著序，是对我莫大的关爱和鞭策，我深感荣幸！感恩之余，先生身上正直且博爱的人格魅力和朴素而执着的学术品格亦深刻感染了我，他激励我继续前行，在理论研究的道路上不畏艰难、一往无前。

最后，感谢自己，感谢自己一直没有放弃，感谢生在这个时代，感谢遇到的人、经历的事，在人生的量子力学里，我没有辜负自己。

连俊华

2020 年 6 月

图书在版编目（CIP）数据

人力资本对区域经济发展的影响／连俊华著 . -- 北
京：社会科学文献出版社，2020.6
ISBN 978 - 7 - 5201 - 6902 - 8

Ⅰ.①人… Ⅱ.①连… Ⅲ.①人力资本 - 影响 - 区域
经济发展 - 研究 - 中国 Ⅳ.①F127

中国版本图书馆 CIP 数据核字（2020）第 128088 号

人力资本对区域经济发展的影响

著　　者／连俊华

出 版 人／谢寿光
责任编辑／陈　颖

出　　　版／社会科学文献出版社·皮书出版分社（010）59367127
　　　　　　地址：北京市北三环中路甲 29 号院华龙大厦　邮编：100029
　　　　　　网址：www.ssap.com.cn
发　　　行／市场营销中心（010）59367081　59367083
印　　　装／三河市尚艺印装有限公司

规　　　格／开　本：787mm×1092mm　1/16
　　　　　　印　张：17　字　数：198 千字
版　　　次／2020 年 6 月第 1 版　2020 年 6 月第 1 次印刷
书　　　号／ISBN 978 - 7 - 5201 - 6902 - 8
定　　　价／98.00 元

本书如有印装质量问题，请与读者服务中心（010 - 59367028）联系